Kochen auf
1 BLECH

ABKÜRZUNGEN

ca. = circa
cm = Zentimeter
E = Eiweiß
El = Esslöffel
F = Fett
FP = Fertigprodukt
g = Gramm
kcal = Kilokalorien
kg = Kilogramm
KH = Kohlenhydrate
kJ = Kilojoule
l = Liter
ml = Milliliter
Msp. = Messerspitze
P. = Päckchen
Tl = Teelöffel
TK = Tiefkühlware

MASSE

1 Tl = 5 ml
1 El = 10 ml
1/8 l = 125 ml
1/4 l = 250 ml
1/2 l = 500 ml
1 l = 1000 ml

BACKOFENTEMPERATUREN

Die Backofentemperaturen in diesem Buch beziehen sich auf einen Elektroherd mit Ober- und Unterhitze. Falls Sie mit Umluft arbeiten, reduzieren Sie die Temperatur um 20 °C. Wenn nicht anders angegeben, die mittlere Einschubleiste verwenden.

TEXTE UND REZEPTE

Einleitung: Susanne Kuhn

Rezepte: Nina Engels: S. 10, 12, 22, 26–125; Simone Filipowski: S. 11, 18, 20/21; Guido Gravelius: S. 13, 16/17, 19; Annerose Sieck: S. 14; Bettina Snowdon: S. 15, 23

Lektorat/Nährwertberechnung: Ulrike Zielke (S. 26–125)

BILDNACHWEIS

Rezeptfotos: Kay Johannsen, Ohmden: S. 13, 16/17, 19; TLC Fotostudio (alle übrigen)

Schmuckfotos: TLC Fotostudio (S. 6, 7 o.), © Andrey Popov – Fotolia.com (S. 7 u.)

Illustrationen: © rinohara – Fotolia.com

WICHTIGER HINWEIS

Alle Angaben, Ratschläge und Tipps in diesem Buch wurden nach dem aktuellen Wissensstand sorgfältig erarbeitet. Dennoch erfolgen alle Angaben ohne Gewähr. Verlag und Autoren haften nicht für eventuelle Nachteile und Schäden, die aus den im Buch gemachten praktischen Hinweisen resultieren.

Kochen auf
1 BLECH

INHALT

HERD AUS, OFEN AN!

Essen vom Blech – eine wunderbare Sache!

Gute Nachrichten für alle, die nach einem guten, leckeren Essen keine Lust mehr auf den großen Abwasch haben! Bei den Gerichten in diesem Buch können Töpfe, Pfannen & anderes Equipment im Schrank bleiben, denn Sie brauchen dafür lediglich ein Backblech. Lassen Sie sich überraschen, wie köstlich und abwechslungsreich unsere Blechrezepte für ein komplettes Essen sind – und dabei herrlich einfach.

Da kommt nicht nur das klassische Ofengemüse aufs Blech, auch zartes Hähnchen, würzige Hackbällchen, edles Roastbeef, Schweinefilet im knusprigen Blätter-teigmantel, Fisch und Meeresfrüchte, ja sogar Pasta und süße Köstlichkeiten laufen auf dem Backblech zur Höchstform auf. Ist das Blech einmal belegt, übernimmt der Backofen den Rest: Ganze Gerichte garen schonend und entspannt, während sich die Aromen der einzelnen Zutaten auf wunderbare Weise vereinen und ihren vollen Geschmack entfalten. In der Zwischenzeit machen Sie es sich gemütlich, was besonders praktisch ist, wenn Gäste kommen und viele satt werden sollen – ganz ohne Geschirr- und Abwaschchaos. Oder Sie probieren unterdessen unsere köstlichen Saucen und Dips, die wir passend zu den Rezepten im Buch für Sie zusammengestellt haben.

Wie die Zutaten, so das Blech ...

Wenn Sie das ein oder andere Gericht nach Ihren Wünschen variieren wollen, sollten Sie unbedingt auf die Garzeit der einzelnen Zutaten achten: Kartoffeln etwa benötigen länger als zartes Gemüse. Idealerweise verwenden Sie vor allem Zutaten, die ähnlich lange brauchen. Ansonsten geben Sie, wie in einigen unserer Rezepte angegeben, diejenigen mit der kürzeren Garzeit erst später aufs Blech.

Behalten Sie auch stets die Temperatur im Auge. Manche Zutaten müssen schnell bei relativ hoher Hitze gegart werden, andere wiederum, z.B. Fisch oder Geschmortes, kommen mit einer niedrigeren Hitze aus. Wenn die Zutaten schön knusprig werden sollen, darf das Blech nicht zu voll sein und die Zutaten dürfen auch nicht aufeinandergestapelt werden, sondern sollten mit ausreichend Platz nebeneinanderliegen. Das Tüpfelchen auf dem I sind bei jedem Gericht frische Kräuter wie

Basilikum, Petersilie, Schnittlauch oder auch Minze, die Sie zum Schluss auf das Blech geben. Die meisten Gerichte werden gewürzt, bevor sie in den Ofen kommen. Und jetzt: Alles, was lecker ist, aufs Blech und ab damit in den Ofen!

Wenig Aufwand – großer Geschmack!

Einfacher geht's nicht: Neben einem Backblech in verschiedenen Größen (je nach Anzahl der Portionen) und Tiefen (z.B. eine klassische Fettpfanne oder eine Kasserolle) benötigen Sie bestenfalls noch etwas Backpapier und Alufolie.

Backöfen sind heute in ganz unterschiedlichen Maßen, Volumen und Varianten erhältlich. Vorbei sind die Zeiten, da sie fest mit einem Herd verbunden sein müssen. Da die Größe der Backbleche vom jeweils verwendeten Backofen abhängig ist, sind bei den Rezepten keine Blechgrößen angegeben, sondern lediglich die Anzahl der Portionen, die das Rezept jeweils ergibt. Je nach Größe Ihres Backofens benötigen Sie dafür ein oder mehrere Bleche. Lediglich im Kapitel „Kochen für Viele" ist zwingend das jeweils größte für Ihren Ofen verfügbare Blech (oder auch zwei) nötig, damit 8–12 Personen davon essen können.

Praktisch sind auch Kasserollen und Bräter, die in verschiedenen Größen und Ausführungen angeboten werden. Tipp: Antihaftbeschichtete Bleche kommen ohne Backpapier und Alufolie aus und sind zudem leicht zu reinigen. Allerdings sollten Sie im Umgang damit sehr vorsichtig sein, damit die Beschichtung nicht zerkratzt wird. Achten Sie beim Kauf von antihaftbeschichteten Blechen unbedingt auf eine hervorragende Qualität und informieren Sie sich ggf. im Vorfeld über die Inhaltsstoffe der Beschichtung. Verwenden Sie beschichtete Bleche niemals bei Temperaturen über 250 Grad und erhitzen Sie sie nicht ohne Inhalt.

Einfach, schnell und lecker!

Freuen Sie sich auf kunterbunte, abwechslungsreiche „Wimmelbleche" und lassen Sie Ihrer Fantasie und Variationsfreude beim Zusammenstellen und Belegen freien Lauf. Ob ein schnelles Nudelblech zum Mittagessen, pikante Hähnchenbrüste mit Chilikürbis für einen gemütlichen Abend im Freundeskreis oder ein locker-luftiger Upside-Down-Schmarrn für den Nachmittagskaffee mit der besten Freundin: Unsere Rezepte vom Blech passen einfach zu jeder Gelegenheit – und machen garantiert satt und glücklich! Wir wünschen Ihnen einen guten Appetit!

SAUCEN & DIPS

KLASSISCHE AIOLI

Für 4 Portionen

Zutaten

100 ml zimmerwarmes Olivenöl
1 Tl Senf
1 kleine Knoblauchzehe
1 zimmerwarmes Ei
1 Tl Zitronensaft
Salz
Pfeffer

Zubereitungszeit
ca. 5 Minuten

Nährwerte
Pro Portion ca. 244 kcal/1025 kJ
2 g E, 27 g F, 0 g KH

1 Das Olivenöl mit dem Senf und der Knoblauchzehe in ein hohes Pürier-gefäß geben und glatt pürieren.

2 Das Ei hinzugeben. Dieses sinkt auf den Grund des Gefäßes. Nun den Pürierstab ganz nach unten halten und alles pürieren. Dabei den Stab ganz langsam nach oben ziehen.

3 Zum Schluss den Zitronensaft unterrühren und alles mit Salz und Pfeffer abschmecken.

Tipp

Sehr lecker schmecken untergerührte frische Kräuter, die Sie je nach Geschmack und Gericht aussuchen.

GUACAMOLE
mit Limette und Koriander

Für 4-8 Portionen

Zutaten

1 kleine Zwiebel oder Schalotte
1 Knoblauchzehe
5 Stängel Koriander
2 Avocados
3 El Crème fraîche
Saft von ½ Limette
Salz
Pfeffer
1 Fleischtomate

Zubereitungszeit
ca. 15 Minuten

Nährwerte
Pro Portion (bei 6 Portionen)
ca. 134 kcal/564 kJ
2 g E, 12 g F, 5 g KH

1 Zwiebel und Knoblauch schälen. Zwiebel sehr fein hacken und in ein hohes Püriergefäß geben. Knoblauch hinzupressen. Koriander waschen, trocken schütteln, die Blätter hacken und hinzugeben. Die Avocados halbieren, die Kerne entfernen und das Fruchtfleisch aus der Schale ebenfalls in das Gefäß löffeln. Crème fraîche und Limettensaft hinzugeben. Alles durchmixen und mit Salz und Pfeffer würzen.

2 Die Tomate waschen, trocknen, putzen und in kleine Würfel schneiden. Unter die Guacamole heben. Alles nochmals abschmecken und in einer Schale anrichten.

ZWIEBEL-JOGHURT-DIP

Für 6 Portionen

Zutaten

2 Zwiebeln
30 g Butter
1 Tl Zucker
2 Knoblauchzehen
200 g Griechischer Joghurt
100 g Crème fraîche
1–2 Tl Worcestershire-Sauce
Salz
Pfeffer

Außerdem
Schnittlauchröllchen
   zum Garnieren

Zubereitungszeit
ca. 30 Minuten
   (plus ca. 30 Minuten Abkühlzeit)

Nährwerte
Pro Portion ca. 132 kcal/554 kJ
2 g E, 13 g F, 3 g KH

1 Die Zwiebeln schälen und fein hacken. Butter in einer Pfanne zerlassen und die Zwiebeln mit dem Zucker hinzugeben. Bei mittlerer Hitze etwa 20 Minuten karamellisieren lassen, dabei immer wieder umrühren.

2 Den Knoblauch schälen, fein hacken und etwa 1 Minute vor Ende der Garzeit zu den Zwiebeln geben und mitdünsten. Die Mischung abkühlen lassen und in eine Schüssel füllen.

3 Joghurt und Crème fraîche zu den Zwiebeln geben. Alles verquirlen und mit Worcestershire-Sauce, Salz und Pfeffer pikant abschmecken. Mit Schnittlauchröllchen bestreut servieren.

Tipp

Wenn es einmal besonders schnell gehen soll, können Sie auch ersatzweise fertige Röstzwiebeln verwenden. Diese werden dann zusammen mit dem in Butter angedünsteten Knoblauch mit Joghurt und Crème fraîche verrührt und wie oben beschrieben gewürzt.

CHIMICHURRI

**Für ca. 250 ml/
4–6 Portionen**

Zutaten

2 Bund glatte Petersilie
1 Limette
2 kleine Schalotten
2 Knoblauchzehen
1 kleine rote Chilischote
1 kleine grüne Chilischote
½ Tl Fleur de Sel
8 schwarze Pfefferkörner
3 EL Olivenöl
½ Tl getrockneter Thymian
½ Tl getrockneter Oregano

Zubereitungszeit
ca. 25 Minuten

Nährwerte
Pro Glas (250 ml)
ca. 488 kcal/2025 kJ
4 g E, 47 g F, 10 g KH

1 Die Petersilie waschen und trocken tupfen. Die Blätter von den Stielen zupfen und fein hacken. Die Hälfte der Limettenschale fein abreiben und den Saft der Limette auspressen. Schalotten und Knoblauchzehen schälen. Die Schalotte sehr fein würfeln. Den Knoblauch sehr fein hacken. Den Stiel der Chilischoten entfernen und die Schoten fein hacken. Die Pfefferkörner im Mörser fein zerstoßen.

2 Fleur de Sel, Petersilie, Knoblauch, Chili, Limettensaft sowie -schale zugeben und alles zu einer dickflüssigen Masse zerkleinern.

3 Olivenöl, Schalottenwürfel, Thymian und Oregano zugeben und alles gut miteinander verrühren.

Info

Chimichurri ist eine argentinische Sauce und in der lateinamerikanischen Küche weit verbreitet. Die pikante Sauce wird gerne zu Rindfleisch serviert, kann aber auch als Marinade für Fisch oder Geflügel verwendet werden.

KNOBLAUCH-DIP
mit Tomaten

Für 4 Portionen

Zutaten

250 g Quark
200 g Crème fraîche
6 Knoblauchzehen
2 Tomaten
Schnittlauch nach Belieben
Salz
frisch gemahlener Pfeffer

Zubereitungszeit
ca. 10 Minuten

Nährwerte
Pro Portion ca. 207 kcal/857 kJ
10 g E, 15 g F, 6 g KH

1 Den Quark mit der Crème fraîche verrühren. Den Knoblauch abziehen und durch eine Knoblauchpresse dazudrücken. Alles gut vermischen.

2 Die Tomaten waschen, putzen und klein würfeln. Unter die Creme rühren. Den Schnittlauch waschen, trocken schütteln und in Röllchen schneiden.

3 Mit Salz, Pfeffer und Schnittlauch würzig abschmecken.

ERDNUSS-DIP
mit Frühlingszwiebeln

**Für ca. 250 g/
4–6 Portionen**

Zutaten

150 g Crème fraîche
75 g Erdnussbutter
2 Frühlingszwiebeln
Salz
Sambal Oelek
1–2 Tl frisch gepresster
    Limettensaft
1 El ungesalzene und ungeröstete
    Erdnüsse

Zubereitungszeit
ca. 10 Minuten

Nährwerte
Pro Portion (bei 5 Portionen)
ca. 133 kcal/557 kJ
6 g E, 22 g F, 4 g KH

1 Crème fraîche und Erdnussbutter miteinander in einem Schälchen verrühren. Die Frühlingszwiebeln putzen, waschen, sehr fein schneiden und damit vermengen. Mit Salz, Sambal Oelek und Limettensaft abschmecken.

2 Die Erdnusskerne hacken, darüberstreuen und servieren. Der Dip hält sich im Kühlschrank etwa 1 Woche.

ARTISCHOCKEN-
Kichererbsen-Dip

**Für ca. 500 g/
6–8 Portionen**

Zutaten

200 g Kichererbsen, abgetropft
3 Artischockenböden, abgetropft
2 Knoblauchzehen
2 El Olivenöl
100 g Schmand
60 g Joghurt (3,5 % Fett)
2 El Tahin (Sesampaste)
½ Tl Harissa (Chilipaste)
1 Tl frisch gepresster Zitronensaft
2 El fein gehackte Petersilie
Salz
frisch gemahlener Pfeffer

Zubereitungszeit
ca. 15 Minuten

Nährwerte
Pro Glas (500 g)
ca. 1011 kcal/4193 kJ
24 g E, 72 g F, 59 g KH

1 Die Kichererbsen und Artischockenböden grob hacken und in ein hohes Gefäß geben. Den Knoblauch schälen und fein hacken.

2 Das Olivenöl in einer Pfanne erhitzen und den Knoblauch darin andünsten. Zusammen mit dem Sauerrahm und Joghurt zu den Kichererbsen und Artischockenböden in das Gefäß geben und alles mit dem Stabmixer fein pürieren.

3 Tahin, Harissa, Zitronensaft und Petersilie unterrühren. Mit Salz und etwas Pfeffer abschmecken.

APRIKOSEN-
Basilikum-Quark

Für 4 Portionen

Zutaten

1 Bund Basilikum
1 El Pinienkerne
2 El frisch gepresster Zitronensaft
3 El Olivenöl
200 g Quark
100 g Schmand
Salz
frisch gemahlener Pfeffer
4 frische Aprikosen
4 getrocknete Soft-Aprikosen

Zubereitungszeit
ca. 60 Minuten

Nährwerte
Pro Portion ca. 235 kcal/973 kJ
9 g E, 15 g F, 13 g KH

1 Die Basilikumblätter von den Zweigen zupfen. Die Pinienkerne in einer Pfanne ohne Fett goldbraun anrösten. Basilikumblätter, Pinienkerne, Zitronensaft und Olivenöl in ein hohes Gefäß geben und mit dem Pürierstab zu einer feinen Creme verarbeiten.

2 Die Basilikumcreme mit Quark und Schmand verrühren. Mit Salz und Pfeffer würzen.

3 Die frischen Aprikosen halbieren, entsteinen und die Aprikosenhälften fein würfeln. Die getrockneten Soft-Aprikosen ebenfalls in kleine Würfel schneiden. Die Aprikosenwürfel unter den Basilikumquark mengen.

MUHAMMARA

**Für ca. 500 g/
6–8 Portionen**

Zutaten

4 rote Paprikaschoten
5 El Granatapfelsaft
100 g Walnusskerne
1 Knoblauchzehe
2 El Zitronensaft
1 ½ Tl Kreuzkümmel
1 Tl Koriander
1 Msp. Zimt
½ Tl Cayennepfeffer
Salz
Pfeffer
50 g gemahlene Mandeln
3 El Olivenöl

Zubereitungszeit

ca. 20 Minuten
  (plus Grill-und Abkühlzeit)

Nährwerte

Pro Glas (500 g)
ca. 1544 kcal/6458 kJ
37 g E, 131 g F, 54 g KH

1 Den Backofen auf 220 °C vorheizen. Ein Backblech mit Backpapier auslegen. Paprika halbieren, putzen, waschen und trocken tupfen. Mit der Hautseite nach oben auf dem Blech verteilen. Die Grillfunktion des Backofens zuschalten und die Paprika etwa 20 Minuten grillen, bis die Haut dunkel wird und Blasen wirft. Aus dem Ofen nehmen und sofort mit einem feuchten Geschirrtuch abdecken. Nach etwa 10 Minuten kann die Haut abgezogen werden.

2 In der Zwischenzeit den Granatapfelsaft ca. 10 Minuten auf 1 Esslöffel einkochen lassen. Die Walnüsse ohne Fett für 3–7 Minuten in einer Pfanne rösten, anschließend beiseitestellen und abkühlen lassen. Dann hacken.

3 Knoblauch schälen und in ein hohes Püriergefäß pressen. Die Paprikaschoten, Walnüsse, eingekochten Granatapfelsaft und den Zitronensaft hinzugeben. Alles pürieren. Die Gewürze hinzugeben, etwas Salz und Pfeffer, die gemahlenen Mandeln und das Olivenöl zufügen. Alles so lange pürieren, bis die Masse samtig und fein ist. Mit Salz, Pfeffer und nach Belieben weiterem Zitronensaft abschmecken.

MOJITO-SALSA

**Für ca. 500 g/
6–8 Portionen**

Zutaten

1 rote Chilischote
½ gelbe Paprikaschote
½ grüne Paprikaschote
4 Knoblauchzehen
2 Schalotten
1 reife Fleischtomate
1 El Kapern
3 El brauner Rum
4 El Tomatenmark
3 El Olivenöl
3 El frisch gepresster Limettensaft
½ Bund Koriander
1 El fein geschnittener Oregano
Fleur de Sel
frisch gemahlener Pfeffer

Zubereitungszeit
ca. 25 Minuten

Nährwerte
Pro Glas (500 g)
ca. 533 kcal/2211 kJ
8 g E, 32 g F, 26 g KH

1 Die Chilischote vom Stiel befreien und fein hacken. Die Paprikaschoten entkernen und in feine Würfel schneiden. Die Knoblauchzehen schälen und sehr fein hacken. Beide Schalotten schälen und fein würfeln. Die Tomate grob in Würfel schneiden.

2 Chiliwürfel, fein gehackten Knoblauch, Schalotten- und Tomatenwürfel sowie die Kapern mit dem Rum im Mixer oder mit dem Pürierstab fein mixen. Tomatenmark, Olivenöl und Limettensaft zugeben. Alles kräftig durchmixen.

3 Die Korianderblätter von den Stielen zupfen und fein hacken. Koriander, Oregano und Paprikawürfel unter die Salsa mengen. Mit Fleur de Sel und Pfeffer abschmecken.

CAESAR'S DRESSING
mit Griechischem Joghurt

**Für ca. 300 g/
4–6 Portionen**

Zutaten

1 Knoblauchzehe
80 g Parmesan
200 g Griechischer Joghurt
3 El Milch
1 El Olivenöl
2 Tl Sardellenpaste
2 Tl Worcestershire-Sauce
1 Tl Dijonsenf
¼ Tl Salz
2 Msp. Pfeffer
2 El Zitronensaft

Zubereitungszeit
ca. 10 Minuten

Nährwerte
Pro Glas (300 g)
ca. 695 kcal/2913 kJ
34 g E, 57 g F, 11 g KH

1 Knoblauchzehe schälen und in ein hohes Püriergefäß pressen. Den Parmesan fein reiben und hinzugeben. 50 g Joghurt und die Milch hinzugeben und alles glatt mixen. In eine Schale umfüllen.

2 Die restlichen Zutaten ebenfalls in die Schale geben und alles gleichmäßig verrühren.

KETCHUP
aus ofengerösteten Tomaten

Für 750 ml

Zutaten

600 g Flaschen- oder
    Kirschtomaten
50 ml Olivenöl
3 Zweige frischer Oregano
    oder 1 Tl getrockneter
4 Zweige frischer Thymian
    oder 1 Tl getrockneter
1 rote Zwiebel
3 Knoblauchzehen
Salz
Pfeffer
1 El Zucker
40 ml Aceto balsamico bianco

Zubereitungszeit

ca. 30 Minuten (plus Backzeit)

Nährwerte

Pro Flasche (750 ml)
ca. 682 kcal/2829 kJ
7 g E, 50 g F, 43 g KH

1 Den Ofen auf 190 °C vorheizen. Die Tomaten waschen, trocknen, putzen, halbieren und mit den Schnittflächen nach oben in eine Auflaufform legen. Mit der Hälfte des Öls besprenkeln und 30–40 Minuten backen, bis die Schnittflächen gebräunt sind und die Ränder dunkel werden.

2 Frische Kräuter waschen, trocken tupfen und die Blätter hacken. Zwiebel und Knoblauch schälen und hacken. Im restlichen Öl etwa 5 Minuten andünsten. Tomaten, Kräuter, etwas Salz und Pfeffer, Zucker und Essig hinzufügen. Etwa 20 Minuten ohne Deckel sanft köcheln lassen, dabei ab und an umrühren.

3 Den Topf vom Herd ziehen, leicht abkühlen lassen und mit dem Pürierstab pürieren. Nochmals aufkochen, mit Salz, Pfeffer und eventuell etwas weiterem Essig pikant abschmecken und in ein sauberes, steriles Glas oder eine Flasche füllen.

MANGO-CURRY-DIP

**Für ca. 400 g/
6 Portionen**

Zutaten

Für den Dip
150 g Frischkäse
70 g Crème fraîche
130 g süßes Mango-Chutney
30 ml Orangensaft
2 Tl Zitronensaft
4 Spritzer Tabasco
2 Tl Worcestershire-Sauce
½ Tl Currypulver
½ Tl Kurkuma
1 Prise Salz
1 Prise Pfeffer

Außerdem
rosa Pfefferbeeren zum Garnieren
Mangowürfel zum Dippen nach
    Belieben

Zubereitungszeit
ca. 10 Minuten

Nährwerte
Pro Portion ca. 162 kcal/679 kJ
3 g E, 13 g F, 9 g KH

1 Alle Zutaten für den Dip in einen Mixer füllen und zu einer gleichmäßigen, cremigen Paste mixen. Dann nochmals mit Salz, Pfeffer und Tabasco pikant abschmecken.

2 Den Dip bis zum Servieren kühl stellen. Dann auf Schälchen anrichten und mit rosa Pfefferbeeren garniert servieren. Nach Belieben Mangowürfel dazu reichen.

CAMEMBERT-DIP

**Für ca. 500 g/
6–8 Portionen**

Zutaten

250 g weicher Camembert
1 kleine Zwiebel
5 El weiche Butter
150 g saure Sahne
50 g sonnengetrocknete Tomaten
Salz
edelsüßes Paprikapulver
1 Prise Cayennepfeffer

Zubereitungszeit
ca. 10 Minuten

Nährwerte
Pro Portion ca. 244 kcal/1022 kJ
10 g E, 20 g F, 5 g KH

1 Den Camembert klein schneiden. Die Zwiebel schälen und fein würfeln. Beides mit der Butter und der sauren Sahne mit den Knethaken des Handrührgerätes verkneten.

2 Die getrockneten Tomaten in Streifen schneiden und unter die Creme rühren. Mit Salz, Paprikapulver und Cayennepfeffer abschmecken und servieren. Der Dip hält sich im Kühlschrank etwa 1 Woche.

SNACKS & FINGERFOOD

ZUCCHINIRÖLLCHEN
mit Provolone und Tomaten

Für 4 Portionen

Zutaten

je 2 mittelgroße gelbe und
  grüne Zucchini
Salz
1 Knoblauchzehe
4 El Olivenöl
8 Kirschtomaten
10 getrocknete Tomatenscheiben
  in Öl
200 g Provolone dolce
  (ital. Hartkäse)
½ Bund Basilikum
Pfeffer
2 El Pinienkerne

Außerdem

Holzstäbchen oder Zahnstocher

Zubereitungszeit

ca. 30 Minuten
  (plus Zieh- und Backzeit)

Nährwerte

Pro Portion ca. 473 kcal/1981 kJ
22 g E, 36 g F, 15 g KH

1 Beide Zucchinisorten waschen, trocknen und putzen. Die Längsseiten mit einem scharfen Messer begradigen, dann die restlichen Stücke in jeweils 4–5 dünne Scheiben schneiden. Auf eine Arbeitsfläche legen, mit Salz bestreuen und ca. 30 Minuten ruhen lassen, bis die Zucchinischeiben Wasser gezogen haben und weich geworden sind. Dann trocken tupfen.

2 In der Zwischenzeit den Backofen auf 200 °C vorheizen, ein Backblech mit Backpapier belegen. Den Knoblauch schälen und in eine kleine Schale pressen. Mit dem Olivenöl verrühren.

3 Die Kirschtomaten waschen, trocknen, putzen, vierteln und entkernen. Das Fruchtfleisch hacken, dann in eine zweite Schale geben. Die getrockneten Tomatenscheiben auf Küchenpapier abtropfen lassen, hacken und zu den frischen Tomaten geben. Den Provolone raspeln. Das Basilikum waschen, trocken tupfen und die Blättchen mit dem Provolone zu den Tomaten geben. Leicht pfeffern und alles vermengen.

4 Die Zucchinischeiben mit dem Knoblauchöl bepinseln, leicht pfeffern und ca. 5 Minuten auf der oberen Schiene im Backofen vorgaren. Herausnehmen, den Backofen auf 180 °C herunterschalten und die Röllchen leicht abkühlen lassen. Die Tomatenmischung auf den Scheiben verteilen, aufrollen, mit Holzstäbchen oder Zahnstochern feststecken, die Pinienkerne darüberstreuen und alles ca. weitere 15 Minuten auf der mittleren Schiene backen. Herausnehmen und warm oder kalt servieren.

INDISCHES RÜHREI
mit buntem Gemüse

Für 4 Portionen

Zutaten

3 Frühlingszwiebeln
½ Bund Koriander
1 scharfe grüne Chilischote
6 Champignons
5 Kirschtomaten
½ Tl Salz
2 El Olivenöl
2 Tl scharfes Currypulver
1 Tl gemahlener Kreuzkümmel
8 Eier (Gr. L)
3 El Crème fraîche

Außerdem

1 flache, ofenfeste Form
   (ca. 30 x 20 cm)
Koriandergrün und Kirschtomaten
   zum Garnieren

Zubereitungszeit

ca. 20 Minuten (plus Backzeit)

Nährwerte

Pro Portion ca. 282 kcal/1180 kJ
17 g E, 21 g F, 7 g KH

1 Den Backofen auf 220 °C vorheizen. Die Frühlingszwiebeln waschen, trocknen, putzen und in Ringe schneiden. Den Koriander waschen, trocken schütteln und die Blättchen abzupfen. Die Chilischote halbieren, putzen, entkernen, waschen und hacken. Die Champignons putzen, abreiben und klein würfeln. Die Kirschtomaten waschen, trocknen, putzen und vierteln.

2 Frühlingszwiebeln, Koriander, Chili, Champignons und Kirschtomaten in einer Schüssel mit ¼ Teelöffel Salz, 1 Esslöffel Olivenöl, dem Currypulver und dem Kreuzkümmel vermengen. Die Form mit dem restlichen Olivenöl auspinseln. Die Gemüsemischung hineingeben und im Ofen ca. 8 Minuten garen.

3 Die Eier in eine Schüssel schlagen und mit dem restlichen Salz und der Crème fraîche leicht verrühren. Das Ofengemüse herausnehmen, die Eiermischung darübergießen und damit vermengen. Wieder in den Ofen schieben und je nach gewünschter Festigkeit 10–20 Minuten garen. Nach Belieben mit Koriandergrün und Kirschtomaten garniert servieren.

BLÄTTERTEIGTASCHEN
mit zweierlei Füllung

Für 12 Stück

Zutaten

6 Platten Blätterteig (TK)
½ Bund glatte Petersilie
1 Bund Schnittlauch
3 Zweige Oregano
½ Tl Harissa-Paste
150 g Rinderhack
2 Eigelb
Salz
Pfeffer
150 g Preiselbeeren aus dem Glas
1 Tl abgeriebene Schale von
  1 unbehandelten Zitrone
2 El Sahne
200 g Ziegenfrischkäse

Außerdem

schwarzer Sesam und grobes
  Meersalz zum Bestreuen

Zubereitungszeit
ca. 30 Minuten (plus Backzeit)

Nährwerte
Pro Portion ca. 106 kcal/442 kJ
5 g E, 7 g F, 6 g KH

1 Den Backofen auf 200 °C vorheizen, ein Backblech mit Backpapier belegen. Die Blätterteigplatten auf eine Arbeitsfläche geben und auftauen lassen.

2 Für die erste Füllung die Kräuter waschen, trocken schütteln und die Blätter hacken, beziehungsweise den Schnittlauch in Röllchen schneiden. Mit Harissa, Rinderhack und 1 Eigelb in einer Schüssel mischen, dabei leicht salzen und kräftig pfeffern.

3 Für die zweite Füllung die Preiselbeeren mit der Zitronenschale verrühren und mit Salz und Pfeffer würzen.

4 Das restliche Eigelb mit der Sahne verquirlen. 3 Blätterteigplatten leicht der Länge nach ausrollen, dann halbieren, sodass 2 Quadrate entstehen. Die Hackfleischmasse mittig darauf verteilen. Die Ränder dünn mit der Eigelbsahne bepinseln (einen Teil zum Bepinseln aller Teigtaschen übrig lassen!), dann die Teigplatten zu Dreiecken zusammenklappen und die Ränder festdrücken. Die Dreiecke auf dem Backblech verteilen.

5 Die restlichen Blätterteigtaschen leicht quadratisch ausrollen, dann mit einem Glas oder Servierring möglichst große Kreise ausstechen (ca. 10 cm Ø). Mittig die Preiselbeeren und den Ziegenfrischkäse daraufgeben, erneut die Teigränder dünn mit Eigelbsahne bepinseln, dann zu Halbkreisen zusammenklappen und die Ränder festdrücken. Ebenfalls auf das Backblech geben.

6 Alle Teigtaschen mit der restlichen Eigelbsahne bepinseln und die Dreiecke mit Sesam, die Halbkreise mit grobem Salz bestreuen. Im unteren Backofendrittel ca. 25 Minuten backen.

SÜSSKARTOFFELSPALTEN
mit Knusperspeck

Für 4 Portionen

Zutaten

3 Süßkartoffeln (möglichst
  länglich geformt)
1 El Olivenöl
½ Tl getrockneter Rosmarin
Salz
Pfeffer
10 Scheiben Bacon (ca. 150 g)

Außerdem
Öl für das Blech

Zubereitungszeit
ca. 10 Minuten (plus Backzeit)

Nährwerte
Pro Portion ca. 241 kcal/1009 kJ
9 g E, 13 g F, 23 g KH

1 Den Backofen auf 180 °C vorheizen. Ein Backblech mit Öl bepinseln.

2 Die Süßkartoffeln waschen, schälen, nach Belieben die Seiten begradigen. Anschließend jede Kartoffel in 6–7 dicke Spalten schneiden.

3 Die Süßkartoffelspalten in einer Schüssel mit Olivenöl, Rosmarin, etwas Salz und Pfeffer vermengen.

4 Den Bacon längs halbieren. Jede Süßkartoffelspalte damit umwickeln. Dann auf dem Backblech verteilen und ca. 40 Minuten backen. Nach der Hälfte der Backzeit einmal wenden.

Tipp

Die Süßkartoffel-Bacon-Sticks zum Beispiel mit einem frischen Joghurt-Dip servieren. Dafür 200 g Griechischen Joghurt mit 1 durchgepressten Knoblauchzehe, 1 Esslöffel Zitronensaft und etwas Salz und Pfeffer verrühren.

Tipp

Für die Veggie-Variante einfach nach Belieben etwas mehr Käse auf die Teigblätter streuen oder (aufgetaute TK-) Erbsen oder fein gehackte, in Öl eingelegte, getrocknete Tomaten verwenden.

KÄSE-SCHINKEN-RÖLLCHEN
aus Yufka-Teig

Für 20 Stück

Zutaten

½ Bund glatte Petersilie
200 g Crème double
Salz
Pfeffer
100 g Butter
10 dünne Scheiben Parmaschinken
   (ca. 150 g)
200 g Provolone (ital. Hartkäse)
250 g Yufka-Teig aus dem
   Kühlregal (10 Blätter)

Zubereitungszeit

ca. 30 Minuten (plus Backzeit)

Nährwerte

Pro Portion ca. 161 kcal/676 kJ
7 g E, 12 g F, 7 g KH

1 Den Backofen auf 180 °C vorheizen, ein Backblech mit Backpapier belegen. Die Petersilie waschen, trocken schütteln und die Blättchen fein hacken. Mit der Crème double in einer Schüssel verrühren, dabei leicht salzen und pfeffern.

2 Die Butter in einem kleinen Topf zerlassen, dann vom Herd nehmen. Den Parmaschinken in mundgerechte Stücke zupfen. Den Provolone grob raspeln.

3 Damit der Yufka-Teig nicht austrocknet, immer nur blattweise arbeiten und den restlichen Teig bis zur Verwendung mit einem leicht feuchten Küchentuch bedeckt ruhen lassen.

4 Das erste Teigblatt halbieren, dünn mit zerlassener Butter bepinseln, dann mit ca. 7 g Parmaschinken bestreuen und 10 g Provolone-Raspel darübergeben. Ca. 10 g der Crème-Double-Mischung in kleinen Tupfen darauf verteilen. Die kurzen Querseiten der Teigblätter nach innen leicht einschlagen (jeweils ca. 2 cm), dann das Teigblatt von der langen Seite her aufrollen. Mit der Naht nach unten auf das Backblech legen und dünn mit Butter bepinseln. Mit dem restlichen Teig und den restlichen Zutaten ebenso verfahren. Eventuell noch etwas zusätzliche Butter zerlassen.

5 Im Ofen ca. 25 Minuten backen, nach der Hälfte der Backzeit nochmals dünn mit Butter bepinseln. Herausnehmen und lauwarm oder kalt servieren.

SCHAFSKÄSE
mit Oliven und Kräutern

Für 4 Portionen

Zutaten

8 Stiele Thymian
½ Bund glatte Petersilie
1 Knoblauchzehe
1 El kleine Kapern
1 Tl abgeriebene Schale von
   ½ unbehandelten Zitrone
4 El Olivenöl
380 g Feta
100 g schwarze Oliven ohne Stein
500 g bunte Kirschtomaten
Salz
Pfeffer

Außerdem

4 kleine, flache, ofenfeste
   Backformen oder 1 runde,
   größere Auflaufform

Zubereitungszeit

ca. 20 Minuten
   (plus Marinier- und Backzeit)

Nährwerte

Pro Portion ca. 420 kcal/1757 kJ
18 g E, 35 g F, 6 g KH

1 Die Kräuter waschen, trocken schütteln und die Thymian- und Petersilien-blättchen fein hacken. In eine Schüssel geben und die Knoblauchzehe hin-zupressen. Die Kapern und die Zitronenschale sowie 3 Esslöffel Olivenöl unterrühren.

2 Den Feta in nicht zu dünne Scheiben schneiden. Diese vorsichtig mit der Kräuter-Öl-Mischung bedecken und abgedeckt ca. 30 Minuten im Kühl-schrank marinieren.

3 Den Backofen auf 220 °C vorheizen. Die Oliven halbieren. Die Kirsch-tomaten waschen, trocknen, putzen, halbieren und in einer Schüssel mit dem restlichen Olivenöl, etwas Salz und Pfeffer vermengen.

4 Die Kirschtomaten auf die 4 kleinen Formen verteilen. Alternativ die größere Auflaufform verwenden. Die Oliven daraufstreuen, dann den ma-rinierten Feta daraufgeben. Auf der unteren Schiene ca. 30 Minuten ba-cken. Falls der Käse oder die Kräuter zu dunkel werden, lose mit Alufolie abdecken. Herausnehmen, etwas abkühlen lassen und zum Beispiel mit etwas Baguette und einem cremigen Dip servieren.

Blitzschnelle
BLÄTTERTEIG-PIZZA

**Für 1 Standard-Blech/
4 Portionen**

Zutaten

2 El Tomatenmark
1 El Pesto rosso
½ Tl getrocknete italienische
    Kräuter
100 g schwarze Oliven ohne Stein
250 g bunte Kirschtomaten
2 El kleine Kapern aus dem Glas
1 Knoblauchzehe
1 Esslöffel Olivenöl
1 Rolle Blätterteig aus dem
    Kühlregal (275 g)
Salz
Pfeffer
250 g Ricotta
1 Handvoll Rucola

Zubereitungszeit
ca. 20 Minuten (plus Backzeit)

Nährwerte
Pro Portion ca. 488 kcal/2043 kJ
11 g E, 34 g F, 33 g KH

1 Den Backofen auf 200 °C vorheizen. Ein Backblech mit Backpapier belegen. Das Tomatenmark mit 2 Esslöffeln Wasser, dem Pesto rosso und
den italienischen Kräutern verrühren.

2 Die Oliven in Ringe schneiden. Die Kirschtomaten waschen, trocknen,
putzen und vierteln. Die Kapern in ein Sieb geben und abtropfen lassen.
Die Knoblauchzehe schälen und in ein Schälchen zum Olivenöl pressen.

3 Den Blätterteig entrollen und auf das Backblech legen. Mit der Tomaten-
mark-Pesto-Mischung bestreichen. Oliven, Kirschtomaten und Kapern
darauf verteilen. Alles salzen und pfeffern, dann mit dem Knoblauchöl
beträufeln. Den Ricotta darauf verteilen und die Pizza auf der unteren
Schiene ca. 20 Minuten backen.

4 In der Zwischenzeit den Rucola waschen, trocken schleudern und putzen.
Die Pizza in Stücke schneiden und mit Rucola bestreut servieren.

Tipp

Falls Sie im Handel keine Fenchel-Salsiccia erhalten, können Sie auch neutrales Wurstbrät verwenden und ¼ Teelöffel im Mörser zerstoßene Fenchelsamen untermengen.

FOCACCIA
mit Fenchel-Salsiccia

Für 4 Portionen

Zutaten

Für den Teig
250 g Mehl
½ P. Trockenhefe
½ Tl Salz
1 Prise Zucker
2 El Olivenöl

Für die Füllung
300 g Tomaten
1 Knoblauchzehe
1 getrocknete Chilischote
125 g Mozzarella (1 Kugel)
175 g Fenchel-Salsiccia
   (ital. gewürzte Wurst)
Salz
Pfeffer

Außerdem
Mehl für die Arbeitsfläche
Olivenöl zum Bepinseln

Zubereitungszeit
ca. 30 Minuten
   (plus Geh- und Backzeit)

Nährwerte
Pro Portion ca. 498 kcal/2085 kJ
20 g E, 24 g F, 49 g KH

1 Für den Teig das Mehl mit Trockenhefe, Salz und Zucker in einer Schüssel gut vermischen. 150 ml handwarmes Wasser und das Olivenöl hinzugießen. Zuerst mit den Knethaken des Handrührers ca. 3 Minuten verkneten, dann mit den Händen weitere 3 Minuten verkneten. Den Teig zu einer Kugel formen und in der Schüssel abgedeckt an einem warmen Ort ca. 1 Stunde gehen lassen.

2 In der Zwischenzeit für die Füllung die Tomaten putzen, kreuzweise einschneiden, dann kurz in kochendes Wasser tauchen. Anschließend häuten, entkernen und das Fruchtfleisch würfeln. In eine Schale geben und den Knoblauch hinzupressen. Die Chilischote fein zerbröseln und ebenfalls zu den Tomaten geben. Den Mozzarella trocken tupfen und hacken. Die Salsiccia aus der Pelle drücken und das Wurstbrät fein zerkrümeln.

3 Den Backofen auf 220 °C vorheizen, ein Backblech mit Backpapier belegen. Den Teig auf einer bemehlten Arbeitsfläche durchkneten, dann rechteckig ausrollen und auf das Backblech legen. Quer die Mitte markieren (die andere Teighälfte wird später darübergeklappt).

4 Zuerst das Wurstbrät bis auf einen 2 cm breiten Rand auf einer Teighälfte verteilen, dann den Mozzarella und schließlich die Tomatenmischung. Die andere Teighälfte darüberklappen und die Ränder festdrücken. Den Teig dünn mit Olivenöl bepinseln und mit Salz und Pfeffer bestreuen. Auf der unteren Schiene ca. 30 Minuten backen. Falls die Oberfläche zu dunkel wird, lose mit Alufolie abdecken. Die Focaccia herausholen und in Streifen geschnitten servieren.

HAUPTGERICHTE
FLEISCH & GEFLÜGEL

MERGUEZ
mit Kichererbsen und Möhren

Für 4 Portionen

Zutaten

1 kg Möhren
2 rote Zwiebeln
1 Tl Harissa-Paste
1 Tl gemahlener Koriander
5 Tl Olivenöl
1 El Aceto balsamico bianco
Salz
Pfeffer
4 dicke Merguez
  (alternativ 8 dünne)
250 g Kichererbsen aus dem Glas
½ Tl Paprikapulver edelsüß

Außerdem
Öl für das Blech
½ Bund Koriander zum Bestreuen

Zubereitungszeit
ca. 25 Minuten (plus Backzeit)

Nährwerte
Pro Portion ca. 378 kcal/1584 kJ
17 g E, 18 g F, 31 g KH

1 Den Backofen auf 200 °C vorheizen. Ein Backblech mit Öl bepinseln. Die Möhren waschen, trocknen, putzen und schälen. Anschließend je nach Dicke längs vierteln oder achteln. Falls es sich um sehr lange Exemplare handelt, zusätzlich längs halbieren. Die roten Zwiebeln schälen und in Spalten bzw. Achtel schneiden.

2 Die Harissa-Paste mit dem gemahlenen Koriander, 3 Teelöffeln Olivenöl, dem Essig und etwas Salz und Pfeffer verrühren. Die Möhrenschnitze und die Zwiebeln hinzugeben und darin wenden, sodass sie rundum mit der Paste bedeckt sind. Dann alles auf dem Blech verteilen. Die **dicken** Merguez-Würstchen dazulegen und alles ca. 35 Minuten im vorgeheizten Ofen backen. Nach der Hälfte der Zeit wenden. Das Blech gegebenenfalls kurz vor Ende der Garzeit lose mit Alufolie bedecken, damit das Gemüse und die Würstchen nicht schwarz werden.

3 Falls Sie **dünne** Merguez verwenden: Zuerst die Möhren-Zwiebel-Mischung in den Ofen schieben, dann die Merguez nach 10 Minuten Backzeit auf dem Blech verteilen.

4 Die Kichererbsen in ein Sieb geben, abspülen und abtropfen lassen. In eine Schüssel füllen und mit dem Paprikapulver, 1 Prise Salz und dem restlichen Olivenöl vermengen. 15 Minuten vor Garzeitende ebenfalls auf dem Blech verteilen.

5 Den Koriander waschen, trocken schütteln und die Blättchen abzupfen. Merguez, Gemüse und Kichererbsen auf Teller verteilen und mit Korianderblättchen bestreut servieren.

GEFÜLLTE KÜRBISSE
mit Hackfleisch und Maronen

Für 4 Portionen

Zutaten

2 Hokkaido-Kürbisse (à ca. 800 g)
2 Brötchen vom Vortag
200 g gegarte Maronen
  (vakuumiert)
1 Knoblauchzehe
1 Bund Frühlingszwiebeln
1 Bund Oregano
6 Trockenpflaumen
600 g Rinderhackfleisch
1 Ei (Gr. M)
1 getrocknete Chilischote
Salz
Pfeffer
125 g Mozzarella (1 Kugel)
50 g Parmesan

Außerdem
Öl für das Blech

Zubereitungszeit
ca. 30 Minuten (plus Backzeit)

Nährwerte
Pro Portion ca. 925 kcal/3872 kJ
54 g E, 35 g F, 96 g KH

1 Den Backofen auf 200 °C vorheizen. Ein Backblech mit Öl bepinseln. Die Hokkaido-Kürbisse waschen, längs halbieren und entkernen. Jede Hälfte auf der gewölbten Seite leicht begradigen, sodass sie im Ofen nicht umkippen. Für 10 Minuten im Ofen vorgaren, dann herausnehmen. Die Ofentemperatur auf 180 °C reduzieren.

2 Die Brötchen ca. 10 Minuten in lauwarmem Wasser einweichen. Die Maronen abspülen, trocken tupfen und in grobe Stücke schneiden. Den Knoblauch schälen und fein hacken. Die Frühlingszwiebeln waschen, trocknen, putzen und in feine Ringe schneiden. Den Oregano waschen, trocken tupfen und die Blättchen hacken. Die Trockenpflaumen klein würfeln.

3 Die eingeweichten Brötchen gut ausdrücken und mit Maronen, Knoblauch, Frühlingszwiebeln, Oregano, Trockenpflaumen und Hackfleisch in eine Schüssel geben. Das Ei sowie die zerbröselte Chilischote, Salz und Pfeffer hinzugeben. Alles gut vermengen, dann in die vorgegarten Kürbishälften füllen. Für weitere 40 Minuten backen.

4 Den Mozzarella hacken, den Parmesan reiben. Beides 15 Minuten vor Ende der Garzeit über die Kürbishälften streuen. Dann auf Teller verteilen und servieren.

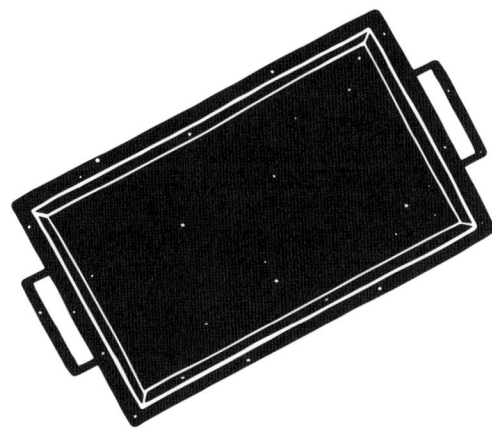

ROASTBEEF
aus dem Salzmantel

Für 4 Portionen

Zutaten

Für das Kartoffelgratin

1 kg festkochende Kartoffeln
250 ml Sahne
250 ml Milch
1 Knoblauchzehe
2 El kalte Butter in Flöckchen
Salz, Pfeffer
frisch geriebene Muskatnuss
40 g Parmesan

Für das Fleisch

1,3 kg Roastbeef mit Fettrand
1 Bund Thymian
2 El schwarze Pfefferkörner
abgeriebene Schale von
   1 unbehandelten Zitrone
3 Eiweiß
2,5–3 kg Meersalz

Für die geschmolzenen Tomaten

4 Kirschtomatenrispen
2 El Olivenöl

Außerdem

1 Auflaufform (ca. 20 x 30 cm)
Butter für die Form
frischer Thymian zum Servieren

Zubereitungszeit

ca. 30 Minuten (plus Backzeit)

Nährwerte

Pro Portion ca. 1055 kcal/4416 kJ
89 g E, 53 g F, 51 g KH

1 Den Backofen auf 250 °C vorheizen. Für das Gratin die Kartoffeln waschen, schälen und in dünne Scheiben schneiden. Die Sahne und die Milch in einer Schüssel verrühren. Den Knoblauch schälen und fein hacken. Die Auflaufform mit Butter einfetten. 1/3 der Kartoffelscheiben darauf verteilen. Die Hälfte des Knoblauchs sowie ein paar Butterflöckchen, etwas Salz, Pfeffer und geriebene Muskatnuss darüberstreuen. So fortfahren, bis die Kartoffeln aufgebraucht sind. Auf die obere Kartoffelschicht kommt kein Knoblauch mehr – dieser würde verbrennen und bitter werden. Die Milch-Sahne-Mischung darübergießen, den Parmesan darüberreiben. Mit Alufolie bedecken.

2 Das Roastbeef waschen und trocken tupfen. Den Thymian waschen, trocken tupfen und die Blättchen abzupfen. Die Pfefferkörner grob zerstoßen. Thymian, Pfeffer und Zitronenschale auf dem Fleisch verteilen.

3 Das Eiweiß anschlagen, dann mit dem Salz mischen. Ca. 1/3 des Salzes in der Größe des Roastbeefs auf ein mit Backpapier belegtes Backblech geben. Das Fleisch daraufsetzen und mit der restlichen Salzmischung bedecken. Diese gut festdrücken. Für 40 Minuten in den Ofen schieben, nach 10 Minuten das mit Alufolie bedeckte Kartoffelgratin hinzustellen. Ca. 10 Minuten vor Garzeitende die Alufolie beim Kartoffelgratin entfernen, damit dieses eine schöne Kruste erhält.

4 Das Fleisch und das Gratin aus dem Ofen holen und ca. 10 Minuten ruhen lassen. Den Backofen auf 180 °C herunterschalten.

5 Für die geschmolzenen Tomaten die Tomatenrispen vorsichtig waschen, trocken tupfen und die Rispen auf einem Backblech verteilen. Mit etwas Öl beträufeln und 10 Minuten backen.

6 Die Salzkruste des Fleisches mit einem Hammer aufklopfen. Das Fleisch tranchieren, auf Teller verteilen und zusammen mit dem Gratin, je 1 Rispe Kirschtomaten und mit frischem Thymian garniert servieren.

SCHWEINEFILET
im Blätterteigmantel

Für 4 Portionen

Zutaten

Für den Spargel
2 kg Spargel
1 Tl Salz
4 Msp. Zucker
4 Tl Butter

Für das Schweinefilet
1 Paket Blätterteig (TK)
1 Schweinefilet (ca. 750 g)
½ Bund Bärlauch
½ Bund glatte Petersilie
Salz
Pfeffer
1 Eigelb
2 El Milch

Außerdem
Mehl für die Arbeitsfläche

Zubereitungszeit
ca. 35 Minuten
(plus Back- und Ruhezeit)

Nährwerte
Pro Portion ca. 678 kcal/2840 kJ
55 g E, 34 g F, 35 g KH

1 Den Backofen auf 180 °C vorheizen. Ein Backblech mit Backpapier belegen.

2 Für den Spargel die Stangen waschen, schälen und die trockenen Enden großzügig abschneiden. 4 Stück Alufolie (ca. 29 x 32 cm) auf eine Arbeitsfläche geben. Die Spargelstangen auf die glänzenden Seiten verteilen. Salz, Zucker und Butter darauf verteilen, dann die Spargelpäckchen dicht verschließen und die Seitenöffnungen nach oben drehen, sodass im Backofen kein Spargelsud auslaufen kann.

3 Für das Schweinefilet den Blätterteig auf einer leicht bemehlten Arbeitsfläche auftauen lassen, dann die Platten leicht überlappend auslegen. Die Ränder fest andrücken und den Teig an die Filetgröße angepasst vorsichtig ausrollen.

4 Das Schweinefilet waschen und trocken tupfen. Den Bärlauch und die Petersilie waschen, trocken schleudern und die Blätter hacken. Das Filet mit Salz und Pfeffer würzen und die Kräuterblätter rundherum auf das Filet legen und gut andrücken. Das Filet auf den Blätterteig legen und darin vorsichtig einwickeln. Mit der Naht nach unten auf das Blech setzen. Die Spargelpäckchen dazulegen und alles auf der unteren Schiene ca. 30 Minuten backen. 10 Minuten vor Garzeitende das Eigelb mit der Milch verquirlen und den Blätterteig damit einpinseln, damit er eine schöne Farbe erhält.

5 Nach Ende der Garzeit den Ofen ausschalten und den Spargel und das Schweinefilet noch 10 Minuten ruhen lassen. Dann auf Teller verteilen und sofort servieren.

FEURIGES
Cassoulet

Für 4 Portionen

Zutaten

800 g weiße Bohnen aus dem Glas
2 rote Paprikaschoten
400 g passierte Tomaten
2 rote Zwiebeln
2 Knoblauchzehen
2 El Olivenöl
250 g Chorizo
100 g Speck
2 El Paprikapulver rosenscharf
2 El Paprikapulver edelsüß
800 ml Hühnerbrühe
Salz
Pfeffer
1 Bund Basilikum

Zubereitungszeit

ca. 25 Minuten (plus Backzeit)

Nährwerte

Pro Portion ca. 747 kcal/3125 kJ
32 g E, 48 g F, 38 g KH

1 Den Backofen auf 180 °C vorheizen. Die weißen Bohnen mit kaltem Wasser abspülen und abtropfen lassen.

2 Die Paprikaschoten halbieren, putzen, waschen, trocken tupfen und in Streifen schneiden. Mit den Bohnen in eine Schüssel geben und die passierten Tomaten dazugießen. Die Zwiebeln und den Knoblauch schälen und hacken. Mit dem Olivenöl zu den Bohnen geben.

3 Die Chorizo je nach Durchmesser halbieren oder vierteln, dann in Scheiben schneiden. Den Speck in Stifte schneiden. Beides mit dem Paprikapulver und der Hühnerbrühe zu den Bohnen geben. Leicht salzen und pfeffern. In die Fettpfanne des Backofens geben, mit Alufolie bedecken und ca. 1 Stunde garen. Nach der Hälfte der Garzeit die Alufolie entfernen.

4 Das Basilikum waschen, trocken schütteln und die Blätter in Streifen schneiden. Die Bohnenmischung aus dem Ofen holen, die Hälfte des Basilikums unterheben und alles auf Teller verteilen. Das restliche Basilikum darüberstreuen und servieren.

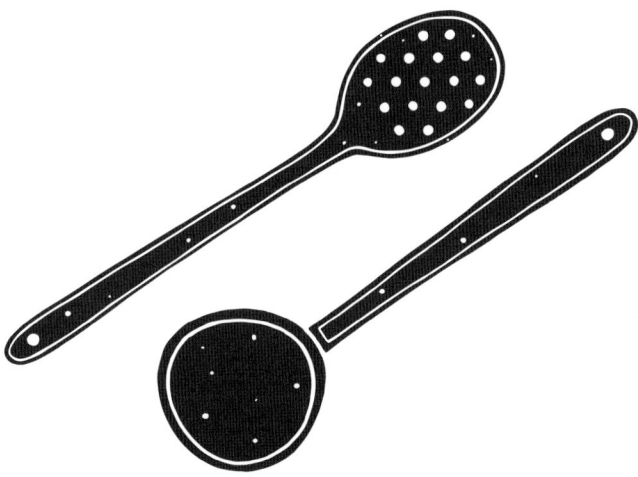

LANDHÄHNCHEN
mit Wurzelgemüse und Kürbis

Für 4 Portionen

Zutaten

1 großes Bio-Hähnchen
(ca. 1,3 kg)
3 El Butter
1 Tl getrockneter Rosmarin
Salz
Pfeffer
1 unbehandelte Zitrone
1 kleiner Hokkaido-Kürbis
(ca. 500 g)
4 Möhren
4 Petersilienwurzeln
2 El Olivenöl

Außerdem
Öl für das Blech
2 El weiche Butter zum Bepinseln
Küchengarn

Zubereitungszeit
ca. 30 Minuten (plus Backzeit)

Nährwerte
Pro Portion ca. 660 kcal/2765 kJ
42 g E, 41 g F, 26 g KH

1 Den Backofen auf 200 °C vorheizen (Umluft nicht empfehlenswert). Ein Backblech mit Öl bepinseln. Das Hähnchen innen und außen waschen und trocken tupfen. Den Bürzel entfernen.

2 Die Butter zerlassen und mit dem Rosmarin verrühren. Das Hähnchen innen und außen kräftig mit Salz und Pfeffer würzen, dann mit der Rosmarinbutter bepinseln.

3 Die Zitrone heiß waschen, trocknen und in Scheiben schneiden. Die Scheiben ins Innere des Hähnchens legen, die Keulen mit Küchengarn zusammenbinden. Das Hähnchen mit der Brust nach unten auf ein Backblech geben. 35 Minuten garen.

4 In der Zwischenzeit den Kürbis waschen, halbieren, putzen und in Spalten schneiden. Die Möhren und die Petersilienwurzeln waschen, schälen, putzen und längs halbieren oder vierteln. Das Gemüse in einer Schüssel salzen und pfeffern, dann mit dem Olivenöl vermengen.

5 Nach 30 Minuten Backzeit das Hähnchen wenden, sodass nun die Brust oben liegt. Das Gemüse rundherum verteilen. Weitere 50 Minuten garen und ab und an mit dem ausgetretenen Sud bepinseln. Etwa 10 Minuten vor Garzeitende das Hähnchen mit der weichen Butter bepinseln.

6 Das Küchengarn durchtrennen, das Hähnchen mit der Geflügelschere erst halbieren, dann in Stücke teilen und mit dem Gemüse anrichten.

Tipp

Wenn Sie das Hähnchen besonders knusprig mögen, können Sie für die letzten Garminuten auch die Grillfunktion des Backofens nutzen.

HÜHNERBRUST
„Italienische Art"

Für 4 Portionen

Zutaten

4 Hühnerbrustfilets ohne Haut
  (à ca. 220 g)
grober schwarzer Pfeffer
1 unbehandelte Zitrone
3 Knoblauchzehen
4 El Olivenöl
600 g Tomaten
4 El Tomatenmark
200 ml trockener Weißwein
1 Bund glatte Petersilie
4 Sardellenfilets
130 g Kapernäpfel aus dem Glas
100 g schwarze Oliven ohne Stein
Salz

Außerdem

1 Auflaufform (ca. 24 x 32 cm)

Zubereitungszeit

ca. 20 Minuten
  (plus Marinier- und Backzeit)

Nährwerte

Pro Portion ca. 575 kcal/2405 kJ
61 g E, 24 g F, 11 g KH

1 Die Hühnerbrustfilets waschen, trocken tupfen, eventuell vorhandene Sehnen entfernen und das Fleisch längs in 4 Streifen schneiden. In eine Schale legen und kräftig mit dem Pfeffer würzen. Die Zitrone heiß waschen, trocken tupfen, die Schale abreiben und den Saft auspressen. Beides über das Fleisch geben. Den Knoblauch schälen und fein hacken. Mit 3 Esslöffeln Olivenöl ebenfalls zum Fleisch geben. Die Filets in der Mischung wenden und abgedeckt 30 Minuten kalt stellen.

2 In der Zwischenzeit den Backofen auf 180 °C vorheizen. Die Auflaufform mit dem restlichen Olivenöl ausstreichen. Die Tomaten waschen, trocknen, putzen, entkernen und würfeln. Mit dem Tomatenmark und Weißwein verrühren. Die Petersilie waschen, trocken schleudern und die Blätter hacken. Die Sardellen abspülen, hacken und mit der Petersilie unter die Tomaten heben. Die Kapernäpfel abtropfen lassen und halbieren. Die Oliven ebenfalls halbieren. Mit den Kapernäpfeln unter die Tomaten heben. Die Marinade hinzurühren und alles mit Salz würzen. Die Mischung ohne das Fleisch in die Auflaufform geben und 40 Minuten im vorgeheizten Ofen backen. Nach 20 Minuten das Hähnchenfleisch hinzugeben.

3 Das Gericht auf Teller verteilen und mit knusprigem Ciabatta servieren.

Tipp

Sie können das Gericht auch ohne Alkohol zubereiten: Ersetzen Sie den Weißwein einfach durch Hühnerbrühe und rühren Sie dann zusätzlich den Saft von ½ Zitrone unter.

LAMMHACKBÄLLCHEN
mit Sommergemüse

Für 4 Portionen

Zutaten

Für die Hackbällchen
1 Brötchen vom Vortag
2 Schalotten
1 Knoblauchzehe
1 Tl Harissa-Paste
1 Ei
500 g Lammhackfleisch
Salz
Pfeffer

Für das Sommergemüse
1 Aubergine
4 kleine Zucchini
500 g Kirschtomaten
8 Champignons
Salz
Pfeffer
2 Knoblauchzehen
3 El Olivenöl
1 Bund Basilikum

Außerdem
Olivenöl für das Blech

Zubereitungszeit
ca. 30 Minuten (plus Backzeit)

Nährwerte
Pro Portion ca. 545 kcal/2282 kJ
33 g E, 36 g F, 20 g KH

1 Den Backofen auf 180 °C vorheizen. Die Fettpfanne des Backofens mit Olivenöl bepinseln.

2 Für die Hackbällchen das Brötchen in lauwarmem Wasser einweichen. Die Schalotten und den Knoblauch schälen und fein hacken. Mit dem ausgedrückten Brötchen, der Harissa-Paste, dem Ei und dem Hackfleisch mischen. Salz und Pfeffer unter die Masse kneten und etwa 16 kleine Hackbällchen daraus formen.

3 Für das Sommergemüse die Aubergine und die Zucchini waschen, trocknen und putzen. Die Aubergine in Würfel schneiden (ca. 2 x 2 cm), die Zucchini in Scheiben schneiden. Die Kirschtomaten waschen, trocknen, putzen und halbieren. Die Champignons putzen, abreiben und halbieren. Das gesamte Gemüse salzen und pfeffern. Den Knoblauch schälen, durch die Presse in das Olivenöl drücken, dann das Knoblauchöl zum Gemüse geben. Das Basilikum waschen, trocken schütteln und die Hälfte der Blättchen in Streifen schneiden. Ebenfalls zum Gemüse geben und alles vermengen.

4 Zuerst das Gemüse in der Fettpfanne verteilen, dann darauf die Hackbällchen setzen. Alles ca. 30 Minuten backen, dabei ab und an wenden. Auf Teller verteilen und mit den restlichen Basilikumblättern garniert servieren.

HÄHNCHENSCHENKEL
auf Paprikagemüse

Für 4 Portionen

Zutaten

600 g Tomaten
je 2 rote und gelbe
  Paprikaschoten
2 rote mittelscharfe Chilischoten
2 rote Zwiebeln
2 El kleine Kapern
50 g grüne Oliven
2 Knoblauchzehen
1 Bund Thymian
Salz
Pfeffer
1 El Aceto balsamico
3 El Olivenöl
4 Hähnchenschenkel (à ca. 250 g)

Zubereitungszeit
ca. 30 Minuten (plus Backzeit)

Nährwerte
Pro Portion ca. 463 kcal/1940 kJ
26 g E, 24 g F, 16 g KH

1 Den Backofen auf 200 °C vorheizen. Die Tomaten waschen, trocknen, putzen und grob hacken. Alle Paprikaschoten halbieren, putzen, waschen, trocken tupfen und in Spalten schneiden. Die Chilischoten halbieren, putzen und waschen. Die Zwiebeln schälen, halbieren und in Streifen schneiden. Alle Zutaten mit den Kapern und Oliven vermengen.

2 Den Knoblauch schälen und in die Gemüsemischung pressen. Den Thymian waschen, trocken schütteln und die Blättchen ebenfalls zur Gemüsemischung geben. Alles salzen und pfeffern, dann Essig und Öl hinzugeben. Gut vermengen und in der Fettpfanne des Backofens verteilen.

3 Die Hähnchenschenkel waschen, trocken tupfen, salzen und pfeffern. Auf dem Gemüsebett verteilen. Ca. 45 Minuten knusprig backen, ab und an mit ausgetretenem Bratensaft beträufeln.

Tipp

Sehr lecker mit einem pikanten oder leicht scharfen Dip!

PIZZA
„Hot & Spicy"

Für 2 Standard-Bleche/ 8 Portionen

Zutaten

Für den Teig
10 g frische Hefe
500 g Mehl
5 El Olivenöl
½ Tl Salz

Für den Belag
1 Bund Oregano
250 g Mozzarella (2 Kugeln)
80 g Parmesan
400 g Salsiccia
4 rote Chilischoten
400 g gehackte Tomaten
   aus der Dose
Salz
Pfeffer
125 g schwarze Oliven

Außerdem
Mehl für die Arbeitsfläche

Zubereitungszeit
ca. 30 Minuten
   (plus Geh- und Backzeit)

Nährwerte
Pro Portion ca. 563 kcal/2354 kJ
25 g E, 29 g F, 49 g KH

1 Für den Teig die Hefe in einer großen Schüssel mit 225 ml lauwarmem Wasser verrühren. Das Mehl dazusieben, dann das Olivenöl und Salz hinzugeben. Alles mit den Knethaken des Handrührers ca. 3 Minuten verkneten. Anschließend mit den Händen weitere 3 Minuten verkneten. Den Teig zur Kugel formen und abgedeckt in der Schüssel an einem warmen Ort etwa 1 Stunde gehen lassen.

2 In der Zwischenzeit für den Belag den Oregano waschen, trocken schütteln und die Blättchen hacken. Den Mozzarella würfeln, den Parmesan reiben und beides mischen. Die Salsiccia aus der Pelle drücken und das Wurstbrät in haselnussgroße Stücke zerteilen. Die Chilischoten waschen, trocknen und in feine Ringe schneiden.

3 Die gehackten Tomaten zusammen mit dem gehackten Oregano kurz pürieren und mit Salz und Pfeffer würzen.

4 Den Backofen auf 250 °C vorheizen. Die Backbleche mit Backpapier belegen. Den Teig kurz durchkneten und auf einer bemehlten Arbeitsfläche ca. 3 mm dick in Blechgröße ausrollen. Mit den Zutaten wie folgt belegen: Zuerst die Tomatenmischung daraufstreichen, dann die Käsemischung darüberstreuen, darauf Wurstbrät, Chiliringe und Oliven verteilen. Jeweils für etwa 10 Minuten backen, bis der Rand knusprig gebräunt ist.

HAUPTGERICHTE
FISCH & MEERESFRÜCHTE

SARDINEN
auf Aprikosen-Petersilien-Couscous

Für 4 Portionen

Zutaten

Für den Fisch
2 Knoblauchzehen
8 Sardinen (geschuppt, ausgenommen und entgrätet)
½ Bund Oregano
½ Bund glatte Petersilie
1 Tl abgeriebene Schale von ½ unbehandelten Zitrone
2 El Olivenöl
Fleur de Sel
Pfeffer
3 El Semmelbrösel

Für den Couscous
½ Bund glatte Petersilie
60 g getrocknete Aprikosen
200 g Couscous
1 Tl Harissa-Paste
400 ml Hühnerbrühe

Außerdem
1 kleines Backblech (ca. 25 x 35 cm)
Olivenöl für das Blech
Zitronenschnitze zum Servieren

Zubereitungszeit
ca. 25 Minuten (plus Backzeit)

Nährwerte
Pro Portion ca. 318 kcal/1332 kJ
12 g E, 10 g F, 42 g KH

1 Den Backofen auf 200 °C vorheizen. Das kleine Blech mit Olivenöl bepinseln.

2 Für den Fisch den Knoblauch schälen und fein hacken. Von den Sardinen die Köpfe abtrennen sowie die Schwänze und Flossen. Die Fische abspülen, trocken tupfen und in eine flache Schale legen. Den Knoblauch darüberstreuen. Die Kräuter waschen, trocken schütteln und die Hälfte der Blätter hacken. Zusammen mit der abgeriebenen Zitronenschale über die Fische streuen und das Olivenöl darüberträufeln. Abgedeckt bis zur weiteren Verwendung kalt stellen. Die restlichen Kräuterblätter beiseitelegen.

3 Für den Couscous die Petersilie waschen, trocken schütteln und die Blätter hacken. Die Aprikosen klein würfeln und mit dem Couscous und der Petersilie mischen, dann auf dem Blech verteilen. Die Harissa-Paste in die Hühnerbrühe rühren, dann über das Couscous gießen und 25 Minuten im vorgeheizten Ofen backen.

4 Nach 10 Minuten Backzeit die Sardinen dachziegelartig auf dem Couscous verteilen. Mit Fleur de Sel und Pfeffer würzen und mit Semmelbröseln bestreuen. Alles knusprig fertig garen.

5 Herausnehmen, auf Teller verteilen und mit Zitronenschnitzen und den restlichen Kräutern servieren.

LACHS
mit Spinat im Blätterteig

Für 4 Portionen

Zutaten

450 g Blattspinat mit Zwiebeln (TK)
450 g Blätterteig (TK)
800 g Lachsfilet ohne Haut
2 El Zitronensaft
4 Stängel Dill
Salz
Pfeffer
frisch geriebene Muskatnuss
1 getrocknete Chilischote
200 g milder Schafskäse
1 Ei
2 El Sahne

Außerdem
Mehl für die Arbeitsfläche
1 kleine Ausstechform „Stern"

Zubereitungszeit
ca. 30 Minuten
   (plus Auftau- und Backzeit)

Nährwerte
Pro Portion ca. 787 kcal/3296 kJ
55 g E, 57 g F, 12 g KH

1 Den Blattspinat auftauen lassen und ausdrücken. Den Backofen auf 200 °C vorheizen. Ein Backblech mit Backpapier belegen.

2 Den Blätterteig auftauen lassen. Das Lachsfilet abspülen, trocken tupfen und mit dem Zitronensaft benetzen. Den Dill waschen, trocken schütteln und die Blätter hacken.

3 Die Teigplatten (bis auf 1 zum Verzieren) leicht übereinanderlegen und auf einer bemehlten Arbeitsfläche etwas ausrollen. Den abgetropften Spinat mit etwas Salz, Pfeffer, Muskat und der zerbröselten Chilischote vermengen.

4 Die Hälfte des Spinats in Größe des Lachsfilets auf dem Blätterteig verteilen. 100 g Schafskäse darüberbröckeln und die Hälfte des Dills darauf verteilen.

5 Das Lachsfilet auf das Spinat-Schafskäse-Bett legen. Mit Salz und Pfeffer würzen, dann den restlichen Dill und Schafskäse darüberstreuen. Mit dem restlichem Spinat bedecken.

6 Das Ei trennen. Das Eiweiß verquirlen und die Ränder des Blätterteigs damit dünn bepinseln. Den Blätterteig über den Lachs legen und die Teigränder gut festdrücken. Überstehende Ränder mit einem Messer entfernen.

7 Das Fisch-Blätterteig-Päckchen auf das Backblech legen. Die restliche Blätterteigplatte ausrollen und kleine Sterne ausstechen. Diese auf 1 Seite mit dem restlichen Eiweiß bepinseln, dann die Sterne auf dem Blätterteig dekorativ verteilen und vorsichtig andrücken.

8 Das Eigelb mit der Sahne verquirlen. Den Blätterteig damit bepinseln und die Oberfläche mit einem scharfen Messer leicht einritzen. Dann auf der unteren Schiene des Backofens ca. 35 Minuten backen. Herausnehmen und zum Beispiel mit Wildkräutersalat servieren.

DORADENFILETS
auf Tagliatelle-Nestern

Für 4 Portionen

Zutaten

2 Doraden (filetiert)
2 El Zitronensaft
1 Bund Oregano
700 g Kirschtomaten
3 El kleine Kapern
4 Sardellenfilets
180 g schwarze Oliven ohne Stein
2 Knoblauchzehen
Salz
Pfeffer
4 El Olivenöl
150 ml Gemüsebrühe
1 Schuss trockener Weißwein
600 g frische Tagliatelle
    aus dem Kühlregal
250 g Mozzarella (2 Kugeln)

Zubereitungszeit
ca. 30 Minuten
    (plus Marinier- und Backzeit)

Nährwerte
Pro Portion ca. 803 kcal/3362 kJ
50 g E, 40 g F, 55 g KH

1 Den Backofen auf 200 °C vorheizen. Die Doraden abspülen, trocken tupfen und mit dem Zitronensaft beträufeln. Abgedeckt 30 Minuten im Kühlschrank marinieren.

2 Den Oregano waschen, trocken schütteln und die Blättchen grob hacken. Die Tomaten waschen, trocken tupfen, putzen und halbieren. Die Kapern abtropfen lassen, die Sardellen abspülen, trocken tupfen und hacken. Die Oliven längs halbieren. Den Knoblauch schälen und klein hacken.

3 Die Hälfte des Oreganos mit Knoblauch, Tomaten, Kapern, Sardellen und Oliven in eine Schüssel geben. Mit Salz und Pfeffer würzen, das Olivenöl hinzugeben und alles vermengen.

4 Die Gemüsebrühe und den Wein in ein tiefes Backblech geben. Die Tomatenmischung darauf verteilen. Auf der unteren Schiene ca. 30 Minuten garen.

5 Währenddessen die Tagliatelle mit kochendem Wasser übergießen. 5 Minuten abgedeckt ruhen lassen, anschließend abgießen. Die Doradenfilets salzen und pfeffern. Nach der Hälfte der Zeit das Blech aus dem Ofen nehmen. Die Doradenfilets mit der Hautseite nach oben auf der Tomatenmischung verteilen. Die Tagliatelle in kleinen Häufchen ebenfalls um die Doraden herum auf der Tomatenmischung verteilen. Die Nudeln mit etwas Sud beträufeln (so bleiben sie schön saftig), und ein paar Tomatenstücke vom Blech darauf verteilen. Den Mozzarella klein hacken und auf die Nudeln streuen, anschließend alles auf der mittleren Schiene fertig backen. Auf Teller verteilen und mit dem restlichen Oregano garniert servieren.

ZUCCHINI-SCHIFFCHEN
mit Thunfisch und Bohnen gefüllt

Für 4 Portionen

Zutaten

4 mittelgroße Zucchini
800 g Kirschtomaten
500 g weiße Bohnen aus dem Glas
280 g Thunfisch aus der Dose
2 El kleine Kapern
2 Frühlingszwiebeln
4 Stängel glatte Petersilie
100 g Parmesan
125 g Mozzarella (1 Kugel)
1 Ei (Gr. S)
Salz
Pfeffer
2–3 El Semmelbrösel
1 getrocknete Chilischote
3 El Olivenöl

Außerdem
Basilikum zum Servieren

Zubereitungszeit
ca. 30 Minuten (plus Backzeit)

Nährwerte
Pro Portion ca. 626 kcal/2618 kJ
50 g E, 28 g F, 38 g KH

1 Den Backofen auf 200 °C vorheizen. Ein tiefes Backblech mit Backpapier belegen. Die Zucchini waschen, trocknen, putzen und längs halbieren. Die runden Seiten leicht begradigen, sodass die Zucchini später nicht kippen, dann mithilfe eines Teelöffels das weiche Innere ausschaben.

2 Die Kirschtomaten waschen, trocknen, putzen und halbieren. Die weißen Bohnen gründlich abspülen, dann abtropfen lassen. Den Thunfisch und die Kapern ebenfalls abtropfen lassen. Die Frühlingszwiebeln waschen, trocknen, putzen und in feine Ringe schneiden. Die Petersilie waschen, trocken schütteln und die Blättchen fein hacken. Den Parmesan fein reiben, den Mozzarella klein hacken.

3 Den Thunfisch zerpflücken und zusammen mit Bohnen, Kapern, Frühlingszwiebeln, Petersilie und der Hälfte des Käses in eine Schüssel geben. Das Ei hinzufügen, alles salzen und pfeffern und mit den Semmelbröseln vermengen. Die Masse auf die Zucchinihälften verteilen. Den restlichen Käse darüberstreuen.

4 Die Zucchinischiffchen auf dem Blech verteilen. Die Tomaten dazulegen, mit Salz und Pfeffer würzen und die zerbröselte Chilischote darüberstreuen. Alles mit etwas Olivenöl beträufeln. Lose mit Alufolie abdecken und auf der unteren Schiene ca. 20 Minuten garen. Dann die Alufolie entfernen und weitere 20 Minuten garen. Mit frischem Basilikum garniert servieren.

LACHS IM SPECKMANTEL
auf grünem Spargel und Süßkartoffeln

Für 4 Portionen

Zutaten

1,5 kg grüner Spargel
Salz
Pfeffer
1 Prise Zucker
3 El Butter
2 Süßkartoffeln (à ca. 300 g)
1 Tl getrockneter Rosmarin
1 El Olivenöl
4 Lachsfilets ohne Haut
  (à ca. 180 g)
1 Tl abgeriebene Schale von
  1 unbehandelten Zitrone
8 Scheiben Pancetta

Zubereitungszeit
ca. 25 Minuten (plus Backzeit)

Nährwerte
Pro Portion ca. 798 kcal/3341 kJ
49 g E, 50 g F, 38 g KH

1 Den Backofen auf 180 °C vorheizen. Ein Backblech mit Backpapier belegen. Den Spargel waschen, die trockenen Enden entfernen und die Stangen im unteren Drittel schälen. Auf einem Backblech verteilen. Mit etwas Salz, Pfeffer und dem Zucker bestreuen, dann die Butter in Flöckchen daraufsetzen.

2 Die Süßkartoffeln waschen, schälen und würfeln (Kantenlänge ca. 2 cm). Mit der Hälfte des Rosmarins, etwas Salz, Pfeffer und dem Olivenöl vermengen. Ebenfalls auf dem Blech verteilen.

3 Die Lachsfilets abspülen, trocken tupfen und mit der Zitronenschale und dem restlichen Rosmarin vermengen. Jeweils 2 Scheiben Pancetta um 1 Lachsfilet wickeln.

4 Den Spargel und die Süßkartoffeln auf der unteren Schiene des Ofens ca. 35 Minuten backen. Nach 15 Minuten Backzeit herausholen, den Ofen auf 200 °C einstellen und die Lachsfilets ebenfalls auf das Blech geben. Weitere 20 Minuten fertig backen.

Tipp

Grüner Spargel wird inzwischen weltweit in vielen Ländern angebaut. Daher gibt es ihn nahezu das ganze Jahr zu kaufen. Die eigentliche Saison beginnt aber etwas früher als beim weißen Spargel im April und endet im Juni.

GARNELENSPIESSE
auf Asia-Reis

Für 4 Portionen

Zutaten

Für die Garnelen-Spieße

600 g Riesengarnelen
   (küchenfertig ohne Kopf
   und Schale)

1 Stück Ingwer (ca. 3 cm)

2 Knoblauchzehen

1 scharfe rote Chilischote

6 El Sonnenblumenöl

Für den Asia-Reis

200 g Zuckerschoten (TK)

je 1 rote und gelbe
   Paprikaschote

8 Champignons

4 Kaffirlimettenblätter

3 El Sojasauce

100 g Cashewkerne

Pfeffer

1 El helles Sesamöl

250 g Jasminreis

1 l Gemüsebrühe

Außerdem

½ Bund Thai-Basilikum

Limettenschnitze zum Servieren

Sojasauce zum Servieren

Zubereitungszeit

ca. 40 Minuten
   (plus Marinier- und Backzeit)

Nährwerte

Pro Portion ca. 810 kcal/3393 kJ
44 g E, 38 g F, 66 g KH

1 Für die Spieße die Garnelen entdarmen, mit kaltem Wasser abspülen und trocken tupfen. In einen Gefrierbeutel füllen. Den Ingwer und den Knoblauch schälen und fein hacken. Die Chilischote putzen, waschen und in feine Ringe schneiden. Alles zusammen mit dem Sonnenblumenöl zu den Garnelen geben. Den Beutel gut verschließen und die Garnelen darin etwa 3 Stunden im Kühlschrank marinieren.

2 Für den Asia-Reis die Zuckerschoten auftauen lassen. Den Backofen auf 200 °C vorheizen.

3 Die Paprikaschoten halbieren, putzen, waschen, trocken tupfen und in schmale Streifen schneiden. Die Champignons putzen, abreiben und vierteln. Die Kaffirlimettenblätter waschen und trocken schütteln. Mit den Zuckerschoten mischen und dabei Sojasauce, Cashewkerne, etwas Pfeffer und das Sesamöl hinzugeben.

4 Den Reis auf ein tiefes Backblech streuen. Die Gemüsebrühe darübergießen. Auf der unteren Schiene ca. 15 Minuten backen, währenddessen zweimal umrühren. Dann herausnehmen, nochmals umrühren und das Gemüse darauf verteilen. Für weitere 15 Minuten in den Ofen schieben. Währenddessen die Garnelen auf Spieße stecken und die Spieße auf das Reis-Gemüse-Bett legen. Ca. weitere 7 Minuten garen.

5 Das Thai-Basilikum waschen, trocken schütteln und die Blätter abzupfen. Den Asia-Reis mit den Garnelenspießen auf Teller verteilen und mit dem Thai-Basilikum bestreuen. Die Limettenschnitze und die Sojasauce dazu reichen.

SEELACHS
en papillote mit Kartoffelecken

Für 4 Portionen

Zutaten

600 g bunte Kirschtomaten
3 rote Zwiebeln
Meersalz
Pfeffer
1 Prise Zucker
2 Knoblauchzehen
5 El Olivenöl
1 Bund Thymian
800 g festkochende Kartoffeln
100 g schwarze Oliven ohne Stein
1 Bund Basilikum
4 Seelachsfilets (à 200 g)

Außerdem
Öl für die Bleche
Küchengarn

Zubereitungszeit
ca. 40 Minuten (plus Backzeit)

Nährwerte
Pro Portion ca. 557 kcal/2332 kJ
41 g E, 23 g F, 40 g KH

1 Den Backofen auf 100 °C vorheizen. Ein Backblech mit Öl bepinseln. Die Kirschtomaten waschen, trocknen, putzen und halbieren. Auf einem Backblech verteilen. Die Zwiebeln schälen, in dünne Spalten schneiden und zwischen den Tomaten verteilen. Mit Meersalz, Pfeffer und dem Zucker bestreuen. Den Knoblauch schälen, fein hacken, mit 3 Esslöffeln Olivenöl verrühren und über das Gemüse träufeln. Für 45 Minuten im Ofen garen, dabei zweimal wenden. Herausnehmen, abkühlen lassen und die Backofentemperatur auf 200 °C erhöhen. Ein zweites Backblech mit Öl bepinseln.

2 In der Zwischenzeit den Thymian waschen, trocken schütteln und die Blättchen abzupfen. Die Kartoffeln waschen, schälen und in Spalten schneiden. Mit den Thymianblättern und 1 Esslöffel Olivenöl vermengen. Auf dem Blech verteilen und im oberen Drittel in den Ofen schieben. 15 Minuten backen.

3 In der Zwischenzeit die Oliven in Ringe schneiden, das Basilikum waschen, trocken schütteln und die Blätter abzupfen. Die Fischfilets waschen und trocken tupfen.

4 4 Bogen Backpapier auf eine Arbeitsfläche legen. Die Kirschtomaten-Zwiebel-Mischung darauf verteilen. Die Fischfilets daraufeslegen, salzen, pfeffern und mit den Olivenringen und dem Basilikum bestreuen. Das restliche Öl darüberträufeln und die Päckchen gut verschließen. Die offenen Enden mit Küchengarn zubinden.

5 Nach 15 Minuten Backzeit das Kartoffelblech herausholen, die Kartoffeln etwas beiseiteschieben und die Fischpäckchen ebenfalls auf dem Blech verteilen. Auf der unteren Schiene weitere 25 Minuten backen. Die Fischpäckchen auf Teller verteilen, öffnen und die Kartoffelspalten dazu servieren.

HAUPTGERICHTE
VEGETARISCH

ZUCCHINI-TOMATEN-BLECH
mit Mozzarella

Für 4 Portionen

Zutaten

4 große Zucchini
5 Eier
Salz
Pfeffer
200 g Mehl
2 Zwiebeln
2 Knoblauchzehen
3 El Olivenöl
760 g gehackte Tomaten
1 El getrocknete italienische Kräuter
1 Bund Basilikum
250 g Mozzarella (2 Kugeln)
250 g Parmesan

Außerdem
Öl für das Blech

Zubereitungszeit
ca. 1 Stunde (plus Backzeit)

Nährwerte
Pro Portion ca. 909 kcal/3807 kJ
56 g E, 48 g F, 59 g KH

1 Den Backofengrill vorheizen. Die Fettpfanne des Backofens mit Öl bepinseln. Die Zucchini waschen, putzen und schräg in dünne Scheiben schneiden (ca. 3 mm).

2 Die Eier in einer Schale verquirlen, dabei salzen und pfeffern. In eine zweite Schale das Mehl geben. Die Zucchini portionsweise erst bemehlen, dann durch das verquirlte Ei ziehen und anschließend auf dem Blech verteilen. Ca. 7 Minuten im Backofen goldbraun grillen. Das Blech herausnehmen, die Scheiben wenden, dann den Vorgang wiederholen.

3 Die gegrillten Zucchinischeiben auf einer Platte beiseitelegen, dann das Blech erneut befüllen. Insgesamt ungefähr 3 Mal wiederholen, bis alle Zucchinischeiben goldbraun gegrillt sind. Dann das Backblech säubern und dünn mit Öl bepinseln. Den Backofen auf 200 °C herunterschalten.

4 Die Zwiebeln und den Knoblauch schälen und sehr fein hacken. Mit dem Olivenöl und den gehackten Tomaten pürieren. Die italienischen Kräuter unterrühren und die Mischung salzen und pfeffern.

5 Das Basilikum waschen, trocken schütteln und die Blätter grob zerteilen. Den Mozzarella möglichst fein hacken, den Parmesan reiben und beide Käsesorten mischen.

6 Eine dünne Schicht Tomatensauce auf dem Blech verteilen, darauf die Hälfte der Zucchinischeiben legen. 1/3 der Käsemischung daraufstreuen, dann das Basilikum und etwas Tomatensauce darauf verteilen. Die restlichen Zucchini einschichten, darauf die restliche Tomatensauce geben und alles mit dem restlichen Käse bestreuen. Das Blech mit Alufolie abdecken, dann für ca. 40 Minuten auf der unteren Schiene in den Ofen schieben. Nach der Hälfte der Garzeit die Folie entfernen und alles goldbraun backen.

SHAKSHUKA

Für 4 Portionen

Zutaten

8 Tomaten
je 2 rote und gelbe
    Paprikaschoten
2 rote Zwiebeln
1 Knoblauchzehe
½ Bund glatte Petersilie
Salz
Pfeffer
1 Tl Paprikapulver rosenscharf
2 Tl gemahlener Kreuzkümmel
4 El Olivenöl
8 Eier (Gr. M)

Außerdem
Öl für die Fettpfanne
½ Bund Koriander zum Bestreuen

Zubereitungszeit
ca. 30 Minuten (plus Backzeit)

Nährwerte
Pro Portion ca. 392 kcal/1142 kJ
18 g E, 25 g F, 19 g KH

1 Den Backofen auf 180 °C vorheizen. Die Fettpfanne des Backofens mit Öl bepinseln. Die Tomaten waschen, trocknen, putzen und hacken. Die Paprikaschoten halbieren, putzen, waschen und in Streifen schneiden. Die Zwiebeln und den Knoblauch schälen. Die Zwiebeln halbieren und in Streifen schneiden, den Knoblauch hacken. Die Petersilie waschen, trocken schütteln und die Blätter abzupfen.

2 Tomaten, Paprikaschoten, Zwiebeln, Knoblauch und Petersilie mischen und mit Salz und Pfeffer würzen. Paprikapulver und Kreuzkümmel hinzugeben, alles vermengen, dann mit dem Olivenöl verrühren. Auf dem Blech verteilen und alles 1 Stunde garen. Zwischenzeitlich 1–2 Mal umrühren.

3 Das Blech herausnehmen und vorsichtig 8 Mulden in die Gemüsemischung drücken. In jede Mulde 1 aufgeschlagenes Ei gleiten lassen. Mit etwas Salz würzen, dann für ca. 12 weitere Minuten in den Ofen schieben, bis die Eier gestockt sind.

4 Den Koriander waschen, trocken schütteln und die Blättchen abzupfen. Die Shakshuka mit Koriander bestreut servieren.

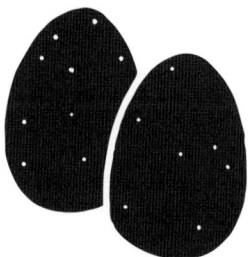

GEMÜSESPIRALEN-FRITTATA

Für 4 Portionen

Zutaten

1 rote Zwiebel
4 Zucchini
4 Möhren
Salz
Pfeffer
8 Eier
100 ml Sahne
100 g junger Pecorino
1 Bund Basilikum

Außerdem

1 kleines Backblech
(ca. 25 x 35 cm)
Öl für das Blech

Zubereitungszeit

ca. 25 Minuten (plus Backzeit)

Nährwerte

Pro Portion ca. 431 kcal/1806 kJ
25 g E, 28 g F, 18 g KH

1 Den Backofen auf 200 °C vorheizen. Das kleine Backblech mit Öl bepinseln. Die Zwiebel schälen, halbieren und in schmale Streifen schneiden. Auf dem Blech verteilen und 10 Minuten im Ofen vorgaren. Dann herausnehmen und die Ofentemperatur auf 175 °C reduzieren.

2 Die Zucchini waschen, trocknen, putzen und mit dem Spiralschneider oder einem Sparschäler in lange Spaghetti schneiden. Die Möhren waschen, schälen und putzen und ebenfalls mit dem Spiralschneider oder Sparschäler in lange Nudeln schneiden. Beide Sorten Spaghetti vorsichtig mischen, dann dekorativ auf dem Blech verteilen. Mit Salz und Pfeffer bestäuben.

3 Die Eier mit der Sahne verquirlen. Den Pecorino fein raspeln und unterrühren. Mit Salz und Pfeffer abschmecken. Das Basilikum waschen, trocken schütteln und die Blättchen abzupfen. Die Hälfte der Blättchen auf dem Blech verteilen. Die Eier-Sahne-Mischung darübergießen. Auf der unteren Schiene ca. 25 Minuten backen. Mit dem restlichen Basilikum bestreut servieren.

PAPRIKA
mit Hirse-Aprikosen-Füllung

Für 4 Portionen

Zutaten

200 g Hirse
1 Tl gekörnte Gemüsebrühe
4 große rote Paprikaschoten
60 g getrocknete Aprikosen
1 Bund glatte Petersilie
4 El kleine Kapern
1 Ei
1 Tl Harissa-Paste
150 g Crème fraîche
Salz
Pfeffer

Außerdem

1 Auflaufform (ca. 24 cm Ø)
Öl für Form und Blech

Zubereitungszeit

ca. 30 Minuten (plus Backzeit)

Nährwerte

Pro Portion ca. 425 kcal/1780 kJ
11 g E, 15 g F, 54 g KH

1 Den Backofen auf 225 °C vorheizen, die Auflaufform mit Öl bepinseln. Die Hirse gründlich mit heißem Wasser spülen. Dann in der Form verteilen und die Gemüsebrühe darüberstreuen. Mit 500 ml kochendem Wasser begießen. Auf der unteren Schiene des Ofens ca. 25 Minuten backen, zwischendurch die Hirse mehrmals umrühren. Herausnehmen und abkühlen lassen. Ein Backblech mit Öl bepinseln. Den Backofen auf 200 °C herunterschalten.

2 Die Paprikaschoten längs halbieren, putzen, waschen und trocken tupfen. Die Aprikosen klein würfeln. Die Petersilie waschen, trocken schütteln und die Blätter fein hacken.

3 Hirse, Aprikosen, Petersilie, Kapern, Ei, Harissa-Paste und Crème fraîche mischen und mit Salz und Pfeffer würzen. Die Masse in die Paprikahälften füllen und diese auf dem Blech verteilen. Auf der unteren Schiene ca. 30 Minuten garen. Auf Teller verteilen und zum Beispiel mit einer Joghurtsauce servieren.

GEMÜSE-BLECH
mit Halloumi

Für 4 Portionen

Zutaten

1 kleiner Blumenkohl
2 rote Zwiebeln
2 Petersilienwurzeln
2 Möhren
Salz
Pfeffer
1 Tl getrockneter Oregano
4 El Olivenöl
4 kleine Knollen Rote Bete
½ Tl Honigsenf
250 g Halloumi
1 Handvoll Walnusshälften

Außerdem
Öl für das Blech

Zubereitungszeit
ca. 25 Minuten (plus Backzeit)

Nährwerte
Pro Portion ca. 601 kcal/2518 kJ
22 g E, 48 g F, 16 g KH

1 Den Backofen auf 200 °C vorheizen. Ein Backblech mit Öl bepinseln. Den Blumenkohl waschen, putzen und in Röschen zerteilen. Große Röschen nochmals halbieren. Die Zwiebeln schälen und in schmale Spalten schneiden. Die Petersilienwurzeln und die Möhren waschen, putzen, schälen und längs vierteln. Die bisherigen Zutaten in einer Schüssel mischen, mit Salz, Pfeffer und Oregano würzen und 2 Esslöffel Olivenöl unterrühren. Auf dem Blech verteilen.

2 Die Rote Bete waschen, schälen, putzen und in Spalten schneiden, dabei am besten Küchenhandschuhe tragen. Mit 1 Esslöffel Olivenöl, etwas Salz, Pfeffer und dem Honigsenf vermengen. Ebenfalls auf dem Blech verteilen. Auf der unteren Schiene ca. 35 Minuten backen.

3 Den Halloumi würfeln und mit dem restlichen Olivenöl vermengen. Die Walnusshälften grob hacken. Nach ungefähr der Hälfte der Backzeit das Gemüse wenden, Halloumi und Walnüsse darüberstreuen und alles zu Ende garen.

Überbackene
BROKKOLI-FETTUCCINE-NESTER

Für 4–6 Portionen

Zutaten

800 g Brokkoli
Salz
800 g frische Fettuccine
   aus dem Kühlregal
3 Eier
200 ml Sahne
100 g Ricotta
100 ml Gemüsebrühe
Pfeffer
frisch geriebene Muskatnuss
2 Bund Schnittlauch
125 g Mozzarella (1 Kugel)
100 g Parmesan

Außerdem

1 kleines Backblech mit hohem
   Rand oder 1 Auflaufform
   (ca. 25 x 35 cm)
Öl für das Blech

Zubereitungszeit

ca. 20 Minuten (plus Backzeit)

Nährwerte

Pro Portion (bei 4 Portionen)
ca.1046 kcal/4381 kJ
52 g E, 42 g F, 114 g KH

1 Den Backofen auf 200 °C vorheizen. Das kleine Backblech (oder die Auflaufform) mit Öl bepinseln. Den Brokkoli waschen, putzen und in kleine Röschen teilen. Den Stiel schälen und würfeln. Auf dem Blech verteilen, leicht salzen und mit etwas Wasser beträufeln. Ca. 10 Minuten garen, dann einmal wenden und weitere 10 Minuten garen. Anschließend herausnehmen und in eine Schüssel umfüllen. Die Fettuccine in einer Schüssel mit kochendem Wasser begießen und abgedeckt ca. 5 Minuten ziehen lassen. Dann abgießen und abtropfen lassen.

2 Eier, Sahne, Ricotta und Gemüsebrühe verquirlen. Mit Salz, Pfeffer und Muskat würzen. Den Schnittlauch waschen, trocken schütteln, in Röllchen schneiden und zur Sahne rühren. Fettuccine ebenfalls dazugeben und alles vermengen.

3 Aus der Mischung etwa 8 Nester formen. In die Mitten der Nester den Brokkoli verteilen und die in der Schüssel verbliebene Sauce darüberträufeln. Den Mozzarella würfeln, den Parmesan reiben und beides über die Nester streuen. Ca. 25 Minuten backen.

CASSOULET
mit Bohnen, Gemüse und Schafskäse

Für 4 Portionen

Zutaten

800 g weiße Bohnen aus dem Glas
1 Süßkartoffel
1 kg reife Tomaten
1 rote Paprikaschote
1 Zucchini
1 rote Zwiebel
3 Knoblauchzehen
Salz
Pfeffer
5 El Olivenöl
2 Zweige Rosmarin
200 g Schafskäse

Außerdem
Öl für die Kasserolle

Zubereitungszeit
ca. 30 Minuten (plus Garzeit)

Nährwerte
Pro Portion ca. 605 kcal/2532 kJ
28 g E, 29 g F, 49 g KH

1 Den Backofen auf 180 °C vorheizen. Eine Kasserolle mit Öl bepinseln. Die weißen Bohnen kalt abspülen und abtropfen lassen.

2 Die Süßkartoffel waschen, schälen und würfeln. Die Tomaten waschen, putzen und hacken. Die Paprikaschote halbieren, putzen, waschen und in Streifen schneiden. Die Zucchini waschen, putzen und würfeln. Die Zwiebel schälen und in Spalten schneiden. Die Knoblauchzehen schälen und fein hacken. Alle bisherigen Zutaten mischen. Mit Salz und Pfeffer würzen und dann mit dem Öl vermengen.

3 Die Gemüsemischung gleichmäßig in der Kasserolle verteilen und den Rosmarin dazugeben. Die Form mit Alufolie abdecken und alles auf der unteren Schiene ca. 1 Stunde garen. Die Alufolie entfernen, den zerbröselten Schafskäse hinzugeben und alles weitere 30 Minuten garen.

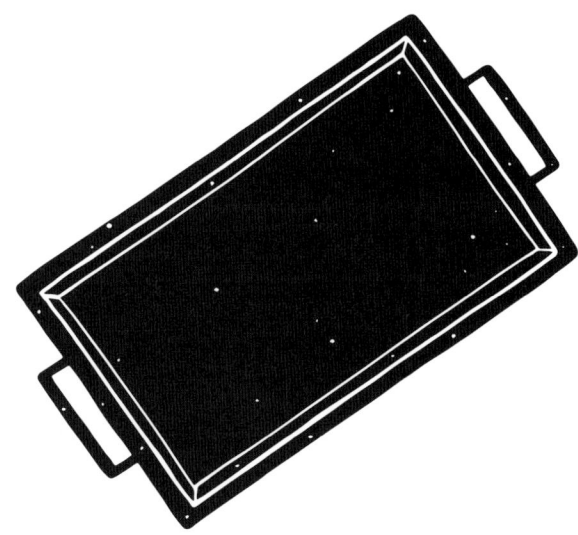

GEFÜLLTE TOMATEN
mit Kräuter-Couscous

Für 4 Portionen

Zutaten

150 g Couscous
1 Tl gekörnte Gemüsebrühe
12 Tomaten
80 g schwarze Oliven ohne Stein
½ Bund glatte Petersilie
4 Stängel Minze
Salz
Pfeffer
150 g Ziegenfrischkäse
4 El Pinienkerne

Außerdem

Olivenöl zum Bepinseln

Zubereitungszeit

ca. 25 Minuten (plus Backzeit)

Nährwerte

Pro Portion ca. 385 kcal/1610 kJ
15 g E, 17 g F, 39 g KH

1 Den Backofen auf 200 °C vorheizen. Den Couscous mit der gekörnten Brühe gut mischen. 150 ml kochendes Wasser darübergießen. Abgedeckt 5 Minuten quellen lassen, dann mit einer Gabel umrühren.

2 Die Tomaten waschen und trocknen. Die Deckel abschneiden und die Tomaten vorsichtig aushöhlen. Gegebenenfalls auf der Unterseite mit einem scharfen Messer ganz dünn begradigen, damit sie im Ofen nicht umkippen.

3 Die Oliven hacken. Die Petersilie und die Minze waschen und trocken schütteln. Die Blättchen hacken. Die Oliven und die Kräuter mit dem Couscous mischen, dann mit Salz und Pfeffer abschmecken.

4 Die Tomaten zur Hälfte mit der Couscous-Mischung füllen. Vorsichtig festdrücken. Dann den Ziegenfrischkäse darauf verteilen und alles mit der restlichen Couscous-Mischung bedecken. Die Deckel aufsetzen und die Tomaten außen vorsichtig mit Olivenöl bepinseln. Ca. 30 Minuten backen. Nach 20 Minuten Backzeit die Pinienkerne mit auf das Blech geben. Dann die Tomaten mit den Pinienkernen bestreut servieren.

Tipp

Dazu schmecken vielerlei kalte Saucen, etwa eine Joghurtsauce oder ein Kräuterquark.

KOCHEN FÜR VIELE
(8–12 PORTIONEN)

HÄHNCHENBRÜSTE
mit feurigem Kürbis

Für 8 Portionen

Zutaten

8 kleine Hähnchenbrüste mit Haut
1 unbehandelte Limette
1 Bund Oregano
4 rote Chilischoten
4 Knoblauchzehen
2 Tl Senf
Salz
Pfeffer
8 El Olivenöl
250 g Kirschtomaten
2 Butternut-Kürbisse (à ca. 1 kg)

Außerdem
Öl für das Blech

Zubereitungszeit
ca. 50 Minuten (plus Backzeit)

Nährwerte
Pro Portion ca. 337 kcal/1412 kJ
26 g E, 15 g F, 25 g KH

1 Den Backofen auf 200 ° vorheizen. Ein Backblech mit Öl bepinseln.

2 Die Hähnchenbrüste waschen, trocken tupfen und in eine Schüssel geben. Die Limette heiß waschen, trocknen, die Schale abreiben. Den Oregano waschen, trocken schütteln und die Blättchen hacken. Die Chilischoten waschen, putzen, trocknen und in feine Ringe schneiden. Sehr scharfe Exemplare gegebenenfalls entkernen und hacken. Den Knoblauch schälen und in feine Stifte schneiden.

3 Limettenschale, Oregano, Chili, Knoblauch und Senf zu den Hähnchenbrüsten geben. Etwas Salz und Pfeffer darüberstreuen und 4 Esslöffel Olivenöl hinzugeben. Alles gut vermengen, dann die Hähnchenbrüste mit der Hautseite nach oben auf dem Backblech verteilen.

4 Die Kirschtomaten waschen, trocknen, putzen und halbieren. Die Butternut-Kürbisse waschen, trocknen, schälen und halbieren. Die Kerne und Fasern entfernen und das Fruchtfleisch in dünne Scheiben schneiden (ca. 2 mm dick).

5 Die Kürbisscheiben zwischen den Hähnchenbrüsten verteilen. Dabei nicht flach hinlegen sondern aufstellen. Dazwischen Oregano, Knoblauch und Chilistücke geben, die nicht an den Hähnchenbrüsten haften geblieben, sondern in der Schüssel verblieben sind. Dann die halbierten Tomaten ebenfalls dazwischen verteilen.

6 Die Limette auspressen und den Saft mit dem restlichen Olivenöl verrühren. Die Kürbisscheiben salzen, pfeffern und mit der Ölmischung beträufeln. Ca. 30 Minuten im vorgeheizten Ofen backen, bis alles knusprig und gar ist.

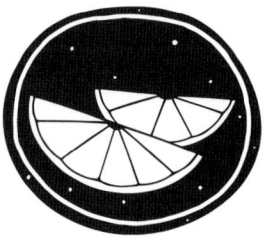

Tipp

Dazu passt am besten eine frische Guacamole.

KARTOFFEL-TOMATEN-BLECH
mit Taleggio

Für 12 Portionen

Zutaten

3 Stängel Rosmarin
1 Bund Thymian
900 ml passierte Tomaten
2 getrocknete Chilischoten
3 Knoblauchzehen
4 El Olivenöl
Salz
Pfeffer
2 Bund Basilikum
800 g Taleggio
150 g Parmesan
3 kg Pellkartoffeln vom Vortag

Außerdem
Backrahmen
Öl für das Blech und Butter
  für den Backrahmen

Zubereitungszeit
ca. 30 Minuten (plus Backzeit)

Nährwerte
Pro Portion ca. 502 kcal/1412 kJ
23 g E, 26 g F, 42 g KH

1 Den Backofen auf 180 °C vorheizen. Die Fettpfanne des Backofens mit Öl bepinseln. Einen gefetteten Backrahmen in Größe des Backblechs hineinstellen.

2 Den Rosmarin und den Thymian waschen, trocken schütteln und die Blättchen abzupfen. Die passierten Tomaten und die getrockneten Chilischoten hinzugeben. Den Knoblauch schälen, grob zerteilen und zusammen mit dem Olivenöl hinzugeben. Alles pürieren und mit Salz und Pfeffer pikant abschmecken.

3 Das Basilikum waschen, trocken schütteln und die Blättchen abzupfen. Den Taleggio in feine Scheiben schneiden und den Parmesan reiben. Die Kartoffeln pellen und in Scheiben schneiden.

4 Etwas Tomatenmischung auf dem Blech verteilen. Darauf die Hälfte der Kartoffelscheiben verteilen. Mit Salz und Pfeffer würzen, die Hälfte der Basilikumblättchen darüberstreuen. Die Hälfte der restlichen Tomatenmischung darüberverteilen, dann die Hälfte des Taleggios. Die restlichen Kartoffelscheiben darauf verteilen, salzen, pfeffern und erst die restlichen Basilikumblätter, dann den restlichen Taleggio daraufgeben. Mit der restlichen Tomatenmischung bedecken und alles mit dem Parmesan bestreuen.

5 Ca. 40 Minuten goldbraun im vorgeheizten Ofen backen. Herausnehmen und am besten mit einem aromatischen frischen Blattsalat (zum Beispiel Rucola oder Babyspinat) servieren.

MEDITERRANE LAMMKEULE
auf Kartoffel-Gemüsebett

Für 10 Portionen

Zutaten

5 Knoblauchzehen
1 Bund Rosmarin
1 Bund Thymian
1 Bund Oregano
1 unbehandelte Zitrone
100 ml Olivenöl
1 Lammkeule mit Knochen
(ca. 2 kg)
Pfeffer
Salz
400 ml Lammfond
250 ml Weißwein
2 kg festkochende Kartoffeln
3 Möhren
2 Stangen Staudensellerie
8 Tomaten
250 g schwarze Oliven ohne Stein

Außerdem
Öl für das Blech
Fleischthermometer

Zubereitungszeit
ca. 40 Minuten (plus Marinier-
und Garzeit)

Nährwerte
Pro Portion ca. 809 kcal/3386 kJ
42 g E, 50 g F, 38 g KH

1 Den Knoblauch schälen und in Stifte schneiden. Die Kräuter waschen, trocken schütteln und die Blätter abzupfen. Die Zitrone heiß waschen, trocknen und in Scheiben schneiden. Den Knoblauch und die Kräuter mit 70 ml Olivenöl mischen.

2 Die Lammkeule waschen, trocken tupfen, die Silberhaut und sehr dicke Fettstellen entfernen. Etwas Fett jedoch am Fleisch belassen. Mit einem scharfen Messer mehrfach etwa 1 cm tief in die Keule stechen. Den Knoblauch und die Rosmarinblätter in die Einschnittstellen stecken. Die Keule rundum pfeffern und mit der restlichen Kräutermischung einreiben. Mit den Zitronenscheiben belegen und abgedeckt 2 Stunden kühl stellen.

3 Die Lammkeule aus dem Kühlschrank holen, Raumtemperatur annehmen lassen und mit Salz würzen. Den Backofen auf 175 °C vorheizen. Die Fettpfanne des Backofens mit Öl bepinseln. Die Lammkeule mit der Fettseite nach oben auf das Blech legen, die Zitronenscheiben darauf verteilen. Den Lammfond und Weißwein dazugießen. Die Keule mit Alufolie bedecken und etwa 2 Stunden 30 Minuten schmoren.

4 Nach 1 Stunde 30 Minuten Garzeit die restlichen Zutaten neben der Keule auf dem Blech verteilen. Dafür in der Zwischenzeit die Kartoffeln waschen, schälen, putzen und längs vierteln. Salzen und pfeffern, dann mit 20 ml Olivenöl vermengen. Die Möhren waschen, schälen, putzen und längs in etwa 5 mm dicke Scheiben schneiden. Den Staudensellerie waschen, putzen und in dünne Scheiben schneiden. Die Tomaten waschen, trocknen, putzen und ebenfalls in Scheiben schneiden. Das Gemüse in einer Schüssel salzen, pfeffern und mit dem restlichen Olivenöl und den schwarzen Oliven vermengen.

5 Nach weiteren 30 Minuten, also etwa 1 Stunde vor Garzeitende, die Alufolie entfernen. Die Keule knusprig bräunen und ab und an mithilfe eines Löffels mit dem Garsud beträufeln. Um den Gargrad zu überprüfen, ein Fleischthermometer in die dickste Fleischstelle stechen (nicht an den Knochen!). Die Lammkeule ist gar und saftig, wenn die Kerntemperatur zwischen 72 und 78 °C beträgt.

CHORIZO-PAPRIKA-BLECH
mit Eiern und roten Bohnen

Für 10 Portionen

Zutaten

3 rote Spitzpaprikaschoten
2 gelbe Paprikaschoten
4 rote Zwiebeln
2 kg Tomaten
5 Knoblauchzehen
1 Bund glatte Petersilie
1 Bund Thymian
Salz
Pfeffer
1 El geräuchertes Paprikapulver
1 Tl brauner Zucker
3 El Olivenöl
800 g Chorizo
1,5 kg Kidneybohnen
  aus der Dose
300 g Crème fraîche
4 El Ajvar
10 Eier

Außerdem
Öl für das Blech und Butter für
  den Backrahmen
Backrahmen

Zubereitungszeit
ca. 30 Minuten (plus Garzeit)

Nährwerte
Pro Portion ca. 741 kcal/3104 kJ
41 g E, 47 g F, 31 g KH

1 Den Backofen auf 200 °C vorheizen. Die Fettpfanne des Backofens mit Öl bepinseln. Einen eingefetteten Backrahmen in Größe des Backblechs hineinstellen.

2 Die Paprikaschoten halbieren, putzen, waschen und in Streifen schneiden. Die Zwiebeln schälen, halbieren und in Scheiben schneiden. Die Tomaten waschen, putzen und hacken. Den Knoblauch schälen und hacken, die Kräuter waschen, trocken schütteln und die Blätter abzupfen. Alle bisherigen Zutaten (bis auf etwas gehackte Petersilie zum Garnieren) mit Salz, Pfeffer, Paprikapulver, braunem Zucker und dem Olivenöl vermengen. Auf dem Blech verteilen.

3 Die Chorizo in 2–3 mm dicke Scheiben schneiden (falls es sich um eine dicke Chorizo mit ca. 6 cm Durchmesser handelt, vorher längs vierteln) und auf der Gemüsemischung verteilen. Für 30 Minuten in den vorgeheizten Ofen schieben.

4 In der Zwischenzeit die Bohnen abspülen und abtropfen lassen. Dann mit Crème fraîche und Ajvar verrühren. Das Blech nach 30 Minuten herausholen und vorsichtig die Bohnen unter die Gemüse-Chorizo-Mischung heben. Für weitere 30 Minuten garen.

5 Das Blech erneut herausholen, mithilfe eines Esslöffels 10 Mulden formen und in jede Mulde 1 aufgeschlagenes Ei gleiten lassen. Nochmals in den Ofen schieben und ca. 13 Minuten weitergaren. Dann herausnehmen, auf Teller verteilen und mit der restlichen Petersilie bestreut servieren.

COQ AU VIN

Für 8–10 Portionen

Zutaten

4 Hähnchenbrüste mit Haut
4 Keulen mit Haut
10 Drumsticks mit Haut
Salz
Pfeffer
250 g durchwachsener Speck
   in Scheiben
6 Knoblauchzehen
5 Petersilienwurzeln
5 Möhren
750 g Schalotten
1 Bund Thymian
750 ml Rotwein
400 ml Hühnerfond
1,5 El Speisestärke
30 g Butterschmalz
500 g Champignons
1 El gehackte Zartbitterschokolade

Zubereitungszeit
ca. 30 Minuten (plus Garzeit)

Nährwerte
Pro Portion (bei 8 Portionen)
ca. 875 kcal/3661 kJ
80 g E, 46 g F, 16 g KH

1 Den Backofen auf 225 °C vorheizen. Alle Hähnchenstücke waschen, trocken tupfen und mit Salz und Pfeffer würzen. Den Speck in feine Streifen schneiden.

2 Den Knoblauch schälen. Die Petersilienwurzeln und die Möhren waschen, putzen, schälen und würfeln. Die Schalotten schälen. Den Thymian waschen, trocken schütteln und die Blättchen abzupfen. Die Blättchen mit Rotwein, Hühnerfond und Speisestärke verrühren.

3 Das Butterschmalz in die Fettpfanne des Ofens geben und im heißen Backofen schmelzen. Dann die Hähnchenstücke mit der Hautseite nach oben auflegen und Speck, Petersilienwurzeln und Möhren darauf verteilen. Ins obere Drittel des Ofens schieben und 8 Minuten leicht bräunen, dann wenden und von der anderen Seite weitere 5 Minuten garen. Das Blech herausnehmen, den Ofen auf 180 °C herunterschalten.

4 Die Hähnchenstücke vom Blech heben und das gesamte Gemüse mit den Knoblauchzehen auf dem Blech verteilen. Mit wenig Salz und kräftig Pfeffer würzen. Die Hähnchenstücke darauf verteilen, dann die Rotweinmischung dazugießen und alles zurück in den Ofen schieben. Etwa 45 Minuten auf der unteren Schiene garen.

5 In der Zwischenzeit die Champignons abreiben, putzen und je nach Größe halbieren oder vierteln. Nach 20 Minuten auf dem Blech verteilen. Während der Garzeit das Fleisch immer wieder mit dem Rotweinfond begießen.

6 Nach Ende der Garzeit das Blech herausnehmen, die Hähnchenstücke und das Gemüse auf Teller verteilen. Die gehackte Schokolade im heißen Rotweinfond unter Rühren zerlassen, mit Salz und Pfeffer abschmecken und die Sauce ebenfalls auf die Teller verteilen. Mit Baguette servieren.

BAKED MAC'N'CHEESE

Für 8–10 Portionen

Zutaten

2 l heiße Milch
700 ml heiße Hühnerbrühe
100 g Butter
Salz
Pfeffer
frisch geriebene Muskatnuss
800 g kurze Makkaroni
200 g Cheddar
200 g Gouda
200 g Parmesan
200 ml Sahne
125 g Semmelbrösel

Außerdem

Butter für das Blech und
  den Backrahmen
Backrahmen
Schnittlauchröllchen
  zum Bestreuen

Zubereitungszeit

ca. 25 Minuten (plus Backzeit)

Nährwerte

Pro Portion (bei 8 Portionen)
ca. 1031 kcal/4315 kJ
44 g E, 51 g F, 98 g KH

1 Den Backofen auf 200 °C vorheizen. Die Fettpfanne des Backofens und einen Backrahmen mit Butter einstreichen. Den Backrahmen auf Blechgröße einstellen und in das Blech setzen – er erleichtert später das Umrühren.

2 Die Milch und Brühe in einer großen Schüssel mischen, 1 Esslöffel Butter darin zerlassen und die Mischung mit Salz, Pfeffer und Muskat würzen. Die Makkaroni auf dem Blech verteilen, die Milchmischung darübergießen und alles etwa 30 Minuten backen, dabei mehrfach umrühren.

3 Währenddessen alle Käsesorten getrennt reiben. Den Cheddar und Gouda mit der Sahne mischen. Den Parmesan mit der restlichen Butter und den Semmelbröseln verkneten.

4 Das Blech aus dem Ofen holen. Die Grillfunktion des Backofens anstellen. Käse-Sahne-Mischung gleichmäßig unterrühren. Die Parmesanmischung auf der Oberfläche verteilen. Alles für weitere 10 Minuten im oberen Backofendrittel goldbraun backen. Auf Teller verteilen und mit Schnittlauchröllchen bestreut servieren.

Tipp

Für eine vegetarische Variante ersetzen Sie die Hühnerbrühe einfach durch Gemüsebrühe.

GEFÜLLTE AUBERGINEN
mit Couscous und Tomaten

Für 8 Portionen

Zutaten

8 Auberginen
Salz
Pfeffer
400 g Couscous
2 Tl gekörnte Gemüsebrühe
400 g Kichererbsen aus dem Glas
1 Bund Frühlingszwiebeln
1 Bund glatte Petersilie
2 Knoblauchzehen
400 g Kirschtomaten
300 g Feta
2 Tl gemahlener Kreuzkümmel
½ Tl gemahlener Zimt
1 El Harissa-Paste
250 g Gouda

Außerdem

Olivenöl für die Bleche und
    zum Bepinseln

Zubereitungszeit

ca. 40 Minuten (plus Backzeit)

Nährwerte

Pro Portion ca. 521 kcal/2180 kJ
27 g E, 19 g F, 53 g KH

1 Den Backofen auf 190 °C Umluft vorheizen. 2 Backbleche mit Öl bepinseln. Die Auberginen waschen, trocknen und längs halbieren. Die Schnittflächen mit Salz und Pfeffer würzen, die Auberginen rundum mit Olivenöl bepinseln. Mit den Schnittflächen nach oben auf den Blechen verteilen und 40 Minuten backen. Dabei ein Blech in das obere Drittel, das andere in das untere Drittel schieben und die beiden Bleche nach der Hälfte der Backzeit wechseln. Anschließend herausholen und abkühlen lassen.

2 In der Zwischenzeit den Couscous abspülen und mit der gekörnten Brühe verrühren. 400 ml Wasser aufkochen, über den Couscous gießen und alles abgedeckt 5 Minuten ziehen lassen. Dann mit einer Gabel umrühren und abkühlen lassen. Die Kichererbsen abspülen und abtropfen lassen.

3 Die Frühlingszwiebeln waschen, putzen und in feine Ringe schneiden. Die Petersilie waschen, trocken schütteln und die Blättchen fein hacken. Beides mit den Kichererbsen zum Couscous geben. Den Knoblauch schälen und hinzupressen. Die Tomaten waschen, trocknen, putzen und hacken. Zusammen mit zerkrümeltem Feta, Kreuzkümmel, Zimt und Harissa-Paste zum Couscous geben.

4 Das gegarte Auberginenfruchtfleisch mit einem Esslöffel so ausschaben, dass noch ein ca. 0,7 cm dicker Rand rundum bestehen bleibt. Das Auberginenfleisch hacken und ebenfalls zum Couscous geben. Alles miteinander vermischen. Mit Salz und Pfeffer abschmecken.

5 Die Auberginenhälften damit befüllen, dabei die Füllung gut festdrücken. Mit geriebenem Gouda bestreuen. Alles für 35 Minuten in den Ofen schieben und goldbraun backen. Die Backbleche dabei mindestens einmal tauschen, damit die Auberginen nicht zu dunkel werden.

SÜSSE KÖSTLICHKEITEN

UPSIDE-DOWN-SCHMARRN
mit Vanilleäpfeln

Für 4 Portionen

Zutaten

2 El Rosinen
5 El Rum oder Apfelsaft
30 g flüssige Butter
3 El brauner Zucker
1 Vanilleschote
5 Eier
1 Prise Salz
175 ml Milch
50 ml Sahne
175 g Mehl
2–3 säuerliche Äpfel

Außerdem

1 kleines Blech (ca. 20 x 40 cm)
1 Backrahmen
Butter für das Blech und
  den Backrahmen
Puderzucker zum Bestäuben

Zubereitungszeit

ca. 25 Minuten
  (plus Einweich- und Backzeit)

Nährwerte

Pro Portion ca. 486 kcal/2036 kJ
15 g E, 18 g F, 55 g KH

1 Die Rosinen heiß abspülen, dann abtropfen lassen. In Rum oder Apfelsaft ca. 30 Minuten einweichen.

2 Den Backofen auf 200 °C vorheizen. Den Backrahmen auf Blechgröße einstellen und in das Blech setzen. Das Blech und den Rahmen mit der Hälfte der Butter einstreichen, den Blechboden mit 1 Esslöffel braunem Zucker bestreuen. Die Vanilleschote aufschneiden, das Mark herausschaben und mit 1 Esslöffel braunem Zucker verrühren.

3 Die Eier trennen. Das Eiweiß mit dem Salz steif schlagen. Das Eigelb mit Milch, Sahne, Mehl und dem restlichen Esslöffel Zucker verquirlen.

4 Die Äpfel waschen, trocknen, vierteln und putzen. Dann die Äpfel in Spalten schneiden und die Form damit auslegen. Die restliche zerlassene Butter darüberträufeln und die Zucker-Vanille-Mischung darüberstreuen. Die abgetropften Rosinen darauf verteilen. Den Eischnee unter die Mehlmischung heben und über den Äpfeln verteilen. Auf der unteren Schiene ca. 25 Minuten goldbraun backen. Nach einer Stäbchenprobe herausnehmen und sofort auf eine große Platte stürzen. In Stücke schneiden und mit Puderzucker bestäubt servieren.

BRATÄPFEL
mit Marzipan-Cranberry-Füllung

Für 4 Portionen

Zutaten

3 El Cranberrys
6 El Apfelsaft
100 g Marzipan-Rohmasse
1 Tl abgeriebene Schale von
   1 unbehandelten Orange
2 El gehackte Mandeln
4 süß-säuerliche Äpfel
   (z. B. Berlepsch oder Jonagold)
1 P. Vanillezucker
30 g zerlassene Butter

Außerdem
Butter für das Blech
Apfelausstecher
Puderzucker zum Bestäuben

Zubereitungszeit
ca. 25 Minuten
   (plus Einweich- und Backzeit)

Nährwerte
Pro Portion ca. 327 kcal/1370 kJ
5 g E, 18 g F, 38 g KH

1 Die Cranberrys im Apfelsaft ca. 30 Minuten einweichen. Den Backofen auf 180 °C vorheizen und ein Backblech mit Butter bepinseln.

2 Die Cranberrys abtropfen lassen und grob hacken. Mit der Marzipanmasse, der Orangenschale und den gehackten Mandeln verkneten.

3 Die Äpfel gründlich waschen und trocknen. Einen flachen Deckel abschneiden und aus dem unteren Teil das Kerngehäuse mit dem Blütenansatz sorgfältig mit dem Ausstecher entfernen. Die Hohlräume mit etwas Vanillezucker ausstreuen und mit der Marzipanmasse füllen. Die Deckel aufsetzen und die Äpfel dünn mit zerlassener Butter bepinseln. Vorsichtig auf das Backpapier setzen. Für ca. 25 Minuten backen.

4 Die Äpfel auf Teller verteilen und mit Puderzucker bestäubt servieren.

Tipp

Dazu schmeckt am besten Walnuss- oder Vanilleeis.

Tipp

Statt Strudelteig können Sie auch Filoteig verwenden. Da diese Teigblätter größer und etwas dicker sind, müssen Sie diese auf Birnengröße zuschneiden, es reichen 2 Lagen Teig pro Birne. Sie können alternativ Blätterteig (TK) verwenden. Dann 1 Platte passend ausrollen. Blätterteig nicht mehr mit zerlassener Butter bepinseln, da er schon Fett enthält.

SCHOKO-BIRNEN
im Strudelteig

Für 4 Portionen

Zutaten

75 g Zartbitterschokolade
60 g Butter
1 Tl abgeriebene Schale von
   1 unbehandelten Orange
50 g Zucker
50 g gemahlene Haselnüsse
12 Blätter frischer Strudelteig
   aus dem Kühlregal
4 reife, runde Birnen
   (z. B. Williams Christ)

Außerdem

100 g zerlassene Butter
   zum Bepinseln
ggf. Apfelausstecher
Puderzucker zum Bestäuben
Crème double zum Servieren

Zubereitungszeit

ca. 25 Minuten (plus Backzeit)

Nährwerte

Pro Portion ca. 846 kcal/3543 kJ
10 g E, 52 g F, 85 g KH

1 Den Backofen auf 175 °C vorheizen. Ein Backblech mit Backpapier belegen. Die Schokolade raspeln und mit Butter, Orangenschale, Zucker und Haselnüssen vermengen.

2 Den Strudelteig aus dem Kühlschrank nehmen und Zimmertemperatur annehmen lassen. Die Birnen waschen und schälen, dabei die Stiele dranlassen. Das obere Drittel als Deckel abschneiden, den unteren Teil für die Füllung mit einem Löffel oder Apfelausstecher leicht aushöhlen und dabei das Kerngehäuse entfernen. Die Birnen mit der Schokoladenmischung füllen und den Deckel aufsetzen.

3 1 Teigblatt auf einem feuchten Küchentuch ausbreiten und dünn mit zerlassener Butter bepinseln. Ein zweites Teigblatt darauflegen. Wieder dünn mit Butter bepinseln, dann ein drittes auflegen und erneut bepinseln. 1 Birne mittig daraufsetzen. Den Teig vorsichtig um die Birne legen und oben am Stiel vorsichtig festdrücken. Von außen erneut dünn mit Butter bepinseln. Auf das Blech setzen und mit den restlichen Birnen und Teigblättern genauso verfahren.

4 Die Birnen ca. 30 Minuten im vorgeheizten Ofen garen. Anschließend mit Puderzucker bestäuben und mit je 1 Klecks Crème double noch heiß servieren.

PFIRSICH-VANILLE-CRUMBLE
mit Kokosraspeln

Für 4 Portionen

Zutaten

1,2 kg reife, saftige Pfirsiche
1 Vanilleschote
100 g brauner Zucker
150 g Mehl
100 g Kokosraspel
1 Prise Salz
125 g kalte Butter

Außerdem
1 kleines Blech (ca. 20 x 40 cm)
Butter für das Blech
nach Belieben Sahne oder
  Vanilleeis zum Servieren

Zubereitungszeit
ca. 30 Minuten (plus Backzeit)

Nährwerte
Pro Portion ca. 753 kcal/3154 kJ
6 g E, 42 g F, 81 g KH

1 Den Backofen auf 200 °C vorheizen. Das Blech mit Butter einfetten.

2 Die Pfirsiche für ca. 30 Sekunden in kochendem Wasser blanchieren. Abgießen und abschrecken. Anschließend trocken tupfen, häuten, halbieren und die Steine entfernen.

3 Das Fruchtfleisch in nicht zu dünne Spalten schneiden und in eine Schüssel geben. Die Vanilleschote längs aufschneiden und das Mark herausschaben. Mit 1 Esslöffel Zucker zu den Pfirsichspalten geben und alles vermengen. Dann auf dem Blech verteilen.

4 Den restlichen Zucker mit Mehl, Kokosraspeln und Salz verrühren. Die Butter in Stückchen dazugeben. Alles zu einem Teig verkneten und diesen über die Fruchtspalten krümeln. Ca. 30 Minuten im vorgeheizten Ofen goldbraun backen und am besten noch warm mit etwas Sahne oder 1 Kugel Vanilleeis servieren.

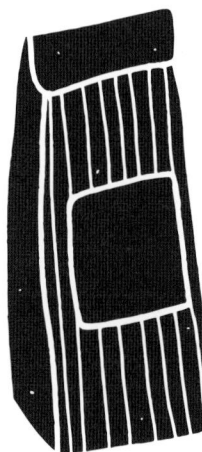

RICOTTA-AUFLAUF
mit Waldbeeren

Für 4–6 Portionen

Zutaten

125 g Brombeeren
125 g Himbeeren
3 Eier
Salz
4 El Zucker
250 g Ricotta
½ P. Vanillepuddingpulver
1 Tl abgeriebene Schale von
   1 unbehandelten Orange

Außerdem

1 kleines Backblech
   (ca. 20 x 30 cm)
Butter für das Blech
Puderzucker zum Bestäuben
frische Beeren zum Garnieren

Zubereitungszeit

ca. 25 Minuten (plus Backzeit)

Nährwerte

Pro Portion (bei 4 Portionen)
ca. 245 kcal/1025 kJ
11 g E, 12 g F, 21 g KH

1 Den Backofen auf 180 °C vorheizen. Das Blech mit Butter einfetten. Die Beeren waschen und vorsichtig trocken tupfen.

2 Die Eier trennen. Das Eiweiß mit Salz steif schlagen. 2 Esslöffel Zucker hinzugeben und so lange weiterschlagen, bis sich die Zuckerkristalle vollständig aufgelöst haben und die Masse wieder ganz fest ist.

3 Das Eigelb mit dem restlichen Zucker hellgelb und schaumig verquirlen. Ricotta, Vanillepuddingpulver und Orangenabrieb hinzugeben und alles glatt rühren. Den Eischnee unterheben, dann die Beeren. Auf dem Blech verteilen und ca. 30 Minuten goldbraun backen.

4 Auf Teller verteilen und lauwarm mit Puderzucker bestäubt und mit frischen Beeren garniert servieren.

Tipp

Alternativ können Sie je nach Saison aufgetaute Tiefkühlbeeren verwenden oder in der Sorte variieren. Der Auflauf schmeckt auch sehr gut mit gewürfelten Erdbeeren.

REZEPTVERZEICHNIS